U0101480

曆書第四　　史記二十六

昔自在古曆建正作於孟春索隱曰案古曆者謂黃帝調曆以前有上元太初曆等皆以建寅爲正謂之孟春也及顓頊夏禹亦以建寅爲正唯黃帝及殷周魯並建子爲正而秦正建亥漢初因之至武帝元封七年始改用太初曆仍以周正建子爲十一月朔旦冬至改元太初焉今案此文至於十二月節皆出大戴禮虞史伯夷之辭也於時冰泮發蟄百草奮興秭鳺先滜徐廣曰秭音姊鳺音規子鳺鳥也一名鷤鳺。索隱曰秭鳺先滜謂子鳺鳥春氣發動則先出野澤而鳴也又案大戴禮作瑞雉無釋未測其旨當是字體各有訛變耳鷤音弟鳺音桂楚詞云慮鷤鳺之先鳴使夫百草爲之不芳解者以鷤鳺爲杜鵑也物迺歲具生於東次順四時卒于冬分時索隱曰卒音子律反分如字卒盡也言建曆起孟春盡季冬則一歲之事具也冬盡之後分爲來春故云冬分也雞三號卒明徐廣曰卒一作平又云卒斯也。索隱曰三號三鳴也言夜至雞三鳴則天曉乃始爲正月一日言異歲也徐廣云卒一作平又作斯於文皆便撫十二節卒于丑正義曰撫猶循也自平明寅至雞鳴丑凡十二辰辰盡丑又至明朝寅使一日一夜故曰幽明日月成故明也明者孟也幽者幼也幽明者雌雄也雌雄代興而順至正之統也日歸于西起明於東月歸於東起明于西正不率天又不由人索隱曰此文出大戴禮是孔子稱周太史之詞則凡事易壞而難成矣王者易姓受命必慎始初改正朔易服色推本天元順承厥意索隱曰言王者易姓而興必當推本天之元氣行運所在以定正朔以承天意故云承順厥意也

太史公曰神農以前尚矣蓋黃帝考定星曆索隱

曆書第四　　史記二十六

昔自在古，曆建正作於孟春。

於時冰泮發蟄，百草奮興，秭鴂先滜。物乃歲具，生於東，次順四時，卒于冬分。時雞三號，卒明。撫十二節，卒于丑。

日月成，故明也。明者孟也，幽者幼也，幽明者雌雄也。雌雄代興，而順至正之統也。日歸于西，起明於東；月歸于東，起明於西。正不率天，又不由人，則凡事易壞而難成矣。

王者易姓受命，必慎始初，改正朔，易服色，推本天元，順承厥意。

太史公曰：神農以前尚矣。蓋黃帝考定星曆，建立五行，起消

曰系本及律歷志黃帝使羲和占日常儀占月臾區占星氣伶倫造律呂大橈作甲子隷首作筭數容成綜此六術而著調歷也建立五行起消息正義曰皇侃云乾者陽生為息坤者陰死為消也正閏餘漢書音義曰以歲之餘為閏故曰閏餘。正義曰鄧平落下閎云一月之日二十九日八十一分日之四十八按計其餘分成閏故云正閏餘也每一歲三百六十六日餘六日小月六月是一歲餘十二日大計三十三月則一閏之耳於是有天地神祇物類之官正義曰應劭云黃帝受命有雲瑞故以雲紀官春官為青雲夏官為縉雲秋官為白雲冬官為黑雲中官為黃雲按黃帝置五官各以物類名其職掌也是謂五官各司其序不相亂也民是以能有信神是以能有明德民神異業敬而不瀆故神降之嘉生應劭曰嘉穀也民以物享正義曰劉伯莊云物事也人皆順事而享福也災禍不生所求不匱少皞氏之衰也九



黎亂德漢書音義曰少皞時諸侯作亂者民神雜擾不可放物索隱曰放音昉依也禍菑荐至莫盡其氣索隱曰荐音在見反荐集也字或作薦古字假借用爾顓頊受之乃命南正重司天以屬神命火正黎司地以屬民應劭曰黎陰官也火數二二地數也故火正司地以屬萬民。索隱曰案左傳重為勾芒木正黎為祝融火正此言南者劉氏以為南字誤非也蓋重黎二人元是木火之官兼司天地職而天是陽南是陽位故木亦是陽所以木正為南正也而火是地正亦稱北正者火數二二地數地陰主北方故火正亦稱北正為此故也臣瓚以為古文火字似北未為深得也使復舊常無相侵瀆其後三苗服九黎之德正義曰孔安國云三苗縉雲氏之後諸侯也按服從也言九黎之君在少皞之世作亂今三苗之君從九黎亂德故南北二官皆廢使曆數失序故二官咸廢所職而閏餘乖次孟陬殄滅攝提無紀曆

數失序漢書音義曰次十二次也史推歷失閏則斗建與月名錯正月爲孟陬閏餘乖錯不與正歲相值謂之殄滅攝提星名隨斗杓所指建十二月若歷誤春三月當指辰而指巳是謂失序。索隱曰案正月爲陬陬音鄒又作矦反楚詞云攝提貞乎孟陬言歷數乖誤乃使孟陬殄滅不得其正也天官書云攝提三星若鼎足句直斗杓所指以建時節故爲攝提格格至也言攝提隨月建至故云格也堯復遂重黎之後不忘舊者使復典之而立羲和之官明時正度則陰陽調風雨節茂氣至民無夭疫年耆禪舜申戒文祖云徐廣曰戒一作敕。正義曰言於文祖之廟以申戒舜也天之曆數在爾躬何晏曰曆數謂列次也舜亦以命禹孔安國曰舜亦以堯命己之辭命禹也由是觀之王者所重也夏正以正月殷正以十二月周正以十一月蓋三王之正若循環窮則反本天下有道則不失紀序無道則正朔不行於諸侯幽厲之後周室微陪臣執政史不記時君不告朔鄭玄曰禮人君每月告朔於廟有祭謂之朝享故疇人子弟分散如淳曰家業世世相傳爲疇律年二十三傳之疇官各從其父學。索隱曰韋昭云疇類也孟康云同類之人明歷者也樂彥云疇昔知星人也或在諸夏或在夷狄是以其禨祥廢而不統如淳曰呂氏春秋荊人鬼而越人禨今之巫祝禱祠淫祀之比也晉灼曰禨音珠璣之璣周襄王二十六年閏三月而春秋非之先王之正時也履端於始韋昭曰謂正歷必先稱端始也若十一月朔旦冬至也舉正於中韋昭曰氣在望中則時日昏明皆正也歸邪於終音餘韋昭曰餘分也終閏月也中氣在晦則後月閏在望是其正中也履端於始序則不

數失序。[illegible]

堯復遂重黎之後，不忘舊者，使復典之，而立羲和之官。[illegible]明時正度，則陰陽調，風雨節，茂氣至，民無夭疫。年耆禪舜，申戒文祖，[illegible]云天之曆數在爾躬。[illegible]舜亦以命禹。由是觀之，王者所重也。[illegible]夏正以正月，殷正以十二月，周正以十一月。蓋三王之正若循環，窮則反本。天下有道，則不失紀序；無道，則正朔不行於諸侯。幽厲之後，周室微，陪臣執政，史不記時，君不告朔，故疇人子弟分散，[illegible]或在諸夏，或在夷狄，[illegible]是以其禨祥廢而不統。[illegible]周襄王二十六年閏三月，而春秋非之。[illegible]先王之正時也，履端於始，舉正於中，[illegible]

愆舉正於中民則不惑歸邪[音餘]於終事則不悖其後戰國並爭在於彊國禽敵救急解紛而已豈遑念斯哉是時獨有鄒衍明於五德之傳[正義曰傳音竹戀反五德五行也]而散消息之分以顯諸侯而亦因秦滅六國兵戎極煩又升至尊之日淺未暇遑也而亦頗推五勝[漢書音義曰五行相勝秦以周為火用水勝之也]而自以為獲水德之瑞更名河曰德水而正[正義曰音征以秦始皇名諱之故改也]以十月色上黑然歷度閏餘未能睹其真也漢興高祖曰北畤待我而起亦自以為獲水德之瑞雖明習歷及張蒼等咸以為然是時



天下初定方綱紀大基高后女主皆未遑故襲秦正朔服色至孝文時魯人公孫臣以終始五德上書言漢德土德宜更元改正朔易服色當有瑞瑞黃龍見事下丞相張蒼張蒼亦學律歷以為非是罷之其後黃龍見成紀張蒼自黜所欲論著不成而新垣平以望氣見頗言正歷服色事貴幸後作亂故孝文帝廢不復問至今上即位招致方士唐都分其天部[漢書音義曰謂分部二十八宿為距度]而巴落下閎運算轉歷[徐廣曰陳術云徵士巴郡落下閎也○索隱曰姚氏案益部耆舊傳云閎字長公明曉天文隱於落下武帝徵待詔太史於地中轉渾天改顓頊歷作太初歷拜侍中不

受也然後日辰之度與夏正同乃改元更官號封
泰山因詔御史曰乃者有司言星度之未定也
廣延宣問以理星度未能詹也徐廣曰詹一作售也。索隱曰漢書
作讎讎即售也故徐廣作售韋昭云讎比校也鄭德云相應爲讎也蓋聞昔者黃帝合
而不死名察度驗定清濁起五部建氣物分數
應劭曰言黃帝造歷得仙名節會察寒暑致啓閉分至定清濁起五部五部金木水火土也建氣物分數皆敘歷之
意也孟康曰合作也黃帝作歷歷終復始無窮已故曰不死清濁律聲之清濁也五部五行也天有四時爲五行也
氣二十四氣物萬物也分歷數之分也瓚曰黃帝聖德與虛合契升龍登仙於天故曰合而不死題名宿度候察進
退謂三辰之度吉凶之驗也。索隱曰臣瓚解爲得案漢書作名察發斂韋昭云發散揫斂也又續漢書以爲道義
之發斂景人之長短則發斂是日行道去極盈縮者也然蓋尚矣書缺樂弛朕



甚閼焉朕唯未能循明也紬續日分索隱曰紬音宙又如字紬
續者女工紬緝之意以言造歷筭運者猶若女工緝而織之也率應水德之勝徐廣曰蓋
以爲應土德土勝水今日順夏至索隱曰謂夏至冬至也黃鐘爲宮林
鐘爲徵太簇爲商南呂爲羽姑洗爲角自是以
後氣復正羽聲復清名復正變以至子日當冬
至則陰陽離合之道行焉十一月甲子朔旦冬
至已詹其更以七年爲太初元年索隱曰改元封七年爲太初元
年然漢始以建亥爲年首今改以建子故以七年爲元年韋昭云漢興至此百二歲案律歷志云乃以前歷上元太
初四年千六百一十七歲至元封七年復得閼逢攝提之歲中冬十一月甲子朔旦冬至也年名焉
逢攝提格徐廣曰歲陰在寅左行歲星在丑右行。索隱曰爾雅云歲在甲曰焉逢寅曰攝提

然後日辰之度與夏正同乃改元更官號封泰山因詔御史曰乃者有司言星度之未定也廣延宣問以理星度未能詹也[illegible]蓋聞昔者黃帝合而不死名察度驗定清濁起五部建氣物分數[illegible]然蓋尚矣書缺樂弛朕甚閔焉朕唯未能循明也紬績日分率應水德之勝[illegible]



今日順夏至黃鍾為宮林鍾為徵太蔟為商南呂為羽姑洗為角[illegible]自是以後氣復正羽聲復清名復正變以至子日當冬至則陰陽離合之道行焉十一月甲子朔旦冬至已詹其更以七年為太初元年[illegible]年名焉逢攝提格[illegible]

格則此甲寅之年十一月甲子朔旦夜半冬至也此篇末亦云寅名攝提則是甲寅不疑也又據二年名單閼三年名執徐等年次分明而漢志以爲其年在丙子當是班固用三統與太初歷不同故與太史公說有異而爾雅近代之作所記年名又皆不同也蘇林云左行右行歲與星行所在之次**月名畢聚日得甲子夜半朔旦冬至**文穎曰律居陰而治陽歷居陽而治陰更相治間不容期忽五家文悖異推太初之元也。索隱曰聚音娵案僖公云天元之始於十一月甲子夜半朔旦冬至日月若連珠俱起牽牛之初歲雄在閼逢雌在攝提格月雄在畢雌在訾則娵訾之宿日雄在甲雌在子在子是陽氣支干之首也

**歷術甲子篇**索隱曰以十一月朔旦冬至得甲子甲子是陽氣支干之首故以甲子命歷術爲篇首非謂此年歲在甲子也



**太初元年歲名焉逢**索隱曰甲歲雄也漢書依閼逢亦音焉與此音同**攝提格**索隱曰寅歲陰也此依爾雅甲寅之歲若據漢志以爲丙子之年也**月名畢聚**索隱曰謂月值畢及娵訾也畢月雄也聚月雌也**日得甲子**索隱曰謂十一月冬至朔旦得甲子也。正義曰置大餘五十四筭每年加五十四日滿六十日除之奇筭留之每至閏後一年加二十三筭亦滿六十日除之奇筭留之若纔足六十日明年云無大餘無小餘也又明年以置五十四筭如上法置小餘三百四十八筭每年加三百八分滿九百三十八分成一日歸上餘筭留之若至閏後一年加八百四十七分亦滿九百四十八分成日歸大餘奇留之明年以加三百四十八筭如上法也**夜半朔旦冬至**索隱曰以建子爲正故以夜半爲朔其至與朔同日故云夜半朔旦冬至若建寅爲正者則以平旦爲朔。正義曰置大餘五筭加五日滿六十日則除之後年更置五筭如上法置小餘八筭每年加八筭滿三十二分爲一百歸大餘後年更置八分如上法大餘者日也小餘者日之奇分也**正北**索隱曰謂蔀首十一月甲子朔旦時加子爲冬至故云正北也然每歲行周天全度外餘有四分一以十二辰分之冬至常居四仲故子年在子丑年在卯寅年在午辰年在酉至後十九年章首在酉故云正西其正南正東並准此。正義曰黃鐘管子時氣應播正北順行四時仲所至爲正月

一日是歲之始盡一章十九年黃鍾管應在酉則稱正西他皆放此

**十二** 索隱曰歲有十二月有閏則云十三月

**無大餘　無小餘** 索隱曰其歲甲子朔旦日月合於牽牛之初餘分皆盡故無大小餘

正義曰無大小餘者以出閏月之歲有三百五十四日三百四十八分除五甲三百日餘有五十四日三百四十八分緣未滿六十日故置爲來年大小餘亦爲太初元年日得甲子朔旦冬至前年無奇日分故無大小餘也

**無大餘　無小餘** 索隱曰上大小餘朔之大小餘此謂冬至大小餘冬至亦與朔同日

並無餘分至與朔法異故重列之

**焉逢攝提格太初元年** 索隱曰漢志太初元年歲在丙子據此則甲寅歲爾雅釋天云歲陽者甲乙丙丁戊己庚辛壬癸十干是也歲陰者子丑寅卯辰巳午未申酉戌亥十二支是也歲陽在甲云焉逢謂歲干也歲陰在寅云攝提格謂歲支也。正義曰焉音於乾反後同

**十二**

**大餘五十四** 索隱曰歲十二月六大六小合三百五十四日以六除之五六三十除三百日餘五十四日故下云大餘者日也。正義曰月朔旦甲子日法也



**小餘三百四十八** 索隱曰太初歷法一月之日二十九日四十分日之四百九十九每兩月合成五十九日又餘五十八今十二月合餘六箇五十八得此三百四十八數故云小餘者月也。正義曰未滿日之分數也其分每滿九百四十則成一日即歸上成五十日矣大餘五十四日每歲除小月六日則成三百五十四日除五甲三百日猶除五十四日爲未滿六十日故稱大餘五十四小餘三百四十八者其大數五十四之外更除分三百四十八故稱小餘三百四十八也此大小餘是月朔甲子日朔以出閏月之數一歲則有三百五十四日三百四十八分每六十日之餘爲未滿六十日故有大小餘也是太初元年奇日奇分也

**大餘五** 索隱曰周天三百六十五度四分度之一日行一度去歲十一月朔在牽牛初爲冬至今歲十一月十二日又至牛初爲一周以六甲除之六六三十六除三百六十餘五故云大

十二

無大餘，無小餘；

無大餘，無小餘；

焉逢攝提格太初元年。

十二

大餘五十四

小餘三百四十八

大餘五

餘五也。正義曰冬至甲子日法也

小餘八　索隱曰即四分之一小餘滿三十二從大餘一四八三十二故云小餘八明年又加八得十六故下云小餘十六次明年又加八得二十四故下云小餘二十四又明年加八得三十二爲滿故下云無小餘並可依太初歷法行之也。正義曰未滿日之分數也其分每滿三十二則成一日即歸上成六日矣大餘五者每歲三百六十五日除六甲三百六十日猶餘五日故稱大餘五日也小餘八者每歲三百六十五日四分日之一則一日三十二分是一歲三百六十五日八分故稱小餘是冬至甲子日法未出閏月之數每六十日除之爲未滿六十日故有大小餘也此是太初元年奇日奇分也

端蒙單閼二年　徐廣曰單閼一作亶安。索隱曰端蒙乙也爾雅作旃蒙單閼卯也丹遏二音又音蟬焉歲在乙卯也。正義曰單音丹又音特連反閼音烏葛反又於連反　閏十三



大餘四十八　小餘六百九十六

大餘十　小餘十六

游兆執徐三年　索隱曰游兆景也爾雅作柔兆執徐辰也。正義曰三年丙辰歲也　十二

大餘十二　小餘六百三

大餘十五　小餘二十四

彊梧大荒落四年　索隱曰彊梧丁也大荒落巳也正義曰梧音語四年丁巳歲也　十二

大餘七　小餘十一

大餘二十一　無小餘

徒維敦牂天漢元年　索隱曰徒維戊也敦牂午也。正義曰牂音作郎反天漢元年戊午歲　閏十三

大餘一　小餘三百五十九

大餘二十六　小餘八

祝犂協洽二年　索隱曰祝犂己也爾雅作著雍協洽未也。正義曰二年己未歲也　十二

大餘二十五　小餘二百六十六

大餘三十一　小餘十六

商橫涒灘三年　索隱曰商橫庚也爾雅作上章涒灘申也本作赤奮若非也天官書及爾雅申爲涒灘丑爲赤奮若今自太初已來計歲次與天官書不同者有四蓋後之歷術改也。正義曰涒音吐魂反灘音吐丹反又作涒漢字音與上同三年庚申歲也　十二

大餘十九　小餘六百一十四

大餘三十六　小餘二十四




昭陽作噩四年　索隱曰昭陽辛也爾雅作重光作噩酉也。正義曰四年辛酉歲也　閏十三

大餘十四　小餘二十二

大餘四十二　無小餘

橫艾淹茂太始元年　索隱曰橫艾壬也爾雅作玄黓淹茂戌也。正義曰元年壬戌歲也　十二

大餘三十七　小餘八百六十九

大餘四十七　小餘八

尚章大淵獻二年　索隱曰尚章癸也爾雅作昭陽大淵獻亥也一本作困敦非也天官書子爲困敦與爾雅同。正義曰二年癸亥歲也　閏十三

大餘三十二　小餘二百七十七

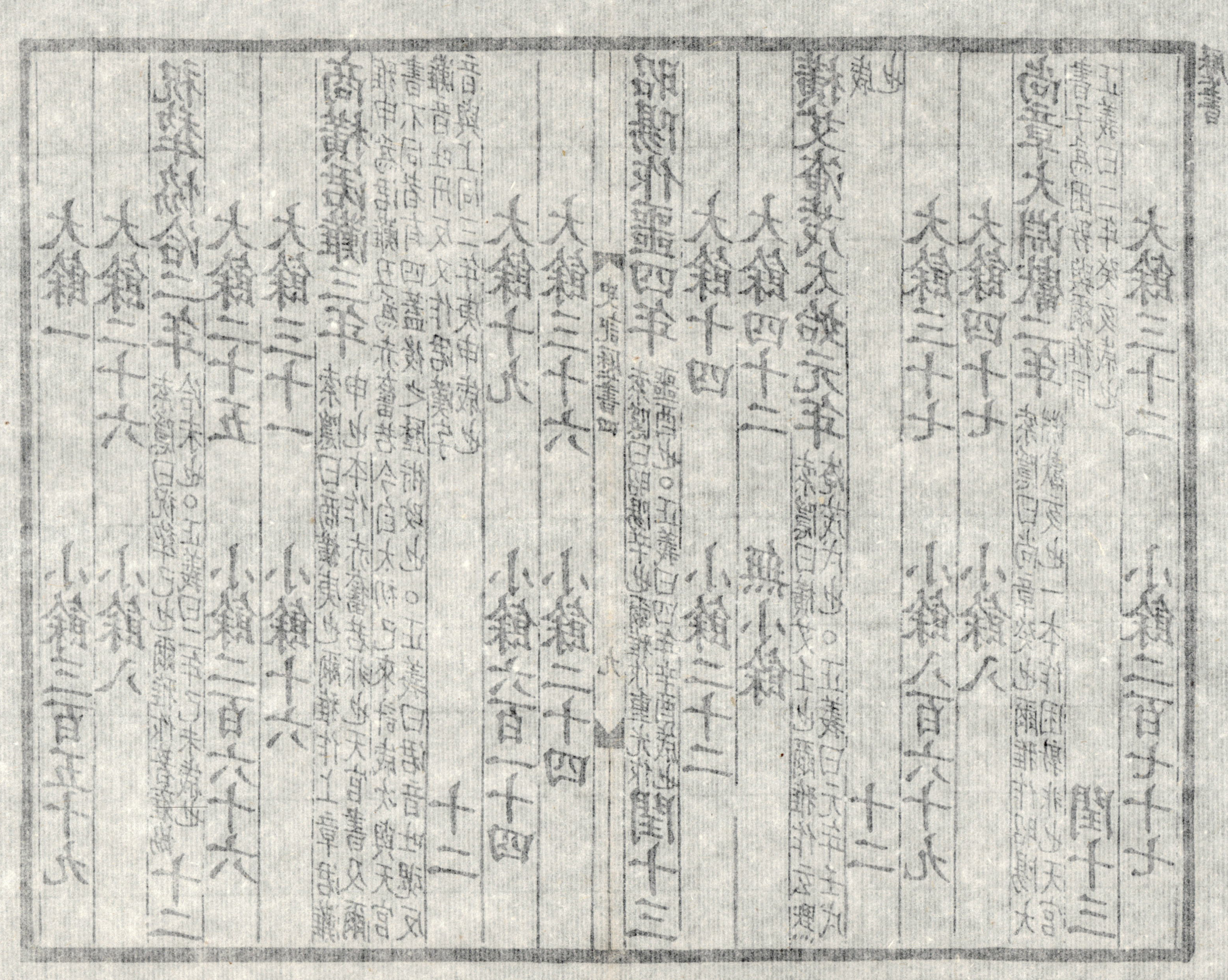

大餘三十二　小餘二百七十七　閏十三

正義曰二年癸亥天漢三年書至此四年因舊脫漏在后

尚章大淵獻二年　索隱曰尚章一本作閼逢非也天官書正義曰尚章太

大餘四十七　小餘八

大餘三十七　小餘八百六十九

橫艾奄茂太始元年　索隱曰橫艾也○正義曰元年甲子

大餘四十二　無小餘　十二

大餘十四　小餘二十二

昭陽作噩四年　索隱曰昭陽也○正義曰四年辛酉　閏十三





大餘三十六　小餘二十四

大餘十九　小餘六百一十四　十二

音與上同　正作協　索隱曰

商橫涒灘三年　索隱曰商橫也○正義曰

大餘三十一　小餘十六

大餘二十五　小餘二百六十六

祝犁協洽二年　索隱曰○正義曰　十二

大餘二十六　小餘八

大餘一　小餘三百五十九

大餘五十二　小餘一十六

焉逢困敦三年 索隱曰焉逢甲也困敦子也一本作大淵獻非也天官書云亥爲大淵獻與爾雅同○正義曰敦音頓三年甲子歲也　十二

大餘五十六　小餘一百八十四

大餘五十七　小餘二十四

端蒙赤奮若四年 索隱曰端蒙乙也赤奮若丑也一本作湑灘非也天官書申爲湑灘與爾雅同四年已後自太始征和已下訖篇末其年次甲乙皆准此並褚先生所續也○正義曰四年乙丑歲也　十二

大餘五十　小餘五百三十二

大餘三　無小餘 正義曰准前解小餘是日之餘分也

自右曆書已下小餘又非是年名復不周備恐褚先生及後人所加



游兆 徐廣曰作游桃 攝提格征和元年 正義曰李巡注云爾雅云萬物承陽而起故曰攝提格起也孔文祥云以歲在寅正月出東方爲衆星之紀以攝提宿故曰攝提以其爲歲月之首起於孟陬故云格正也　閏十三

大餘四十四　小餘八百八十

大餘八　小餘八

彊梧單閼三年 正義曰李巡注云言陽氣推萬物而起故曰單閼單盡閼止也　十二

大餘八　小餘七百八十七

大餘十三　小餘十六

徒維執徐三年 正義曰李巡云伏蟄之物皆敫舒而出故云執徐也　十二

大餘三　小餘一百九十五

大餘五十二 小餘一十六

焉逢困敦三年 [illegible] 十二

大餘五十六 小餘一百八十四

大餘五十七 小餘二十四

端蒙赤奮若四年 [illegible] 十二

大餘五十 小餘五百三十二

大餘三 無小餘



游兆攝提格征和元年 [illegible] 閏十三

大餘四十四 小餘八百八十

大餘八 小餘八

彊梧單閼二年 [illegible] 十二

大餘八 小餘七百八十七

大餘十三 小餘十六

徒維執徐三年 [illegible] 十二

大餘三 小餘一百九十五

大餘十八　小餘二十四

祝犂大芒落四年芒一作荒。正義曰姚察云言萬物皆熾盛而大出霍然落之故云荒落也　閏十三

大餘五十七　小餘五百四十三

大餘二十四　無小餘

商橫敦牂後元元年正義曰爾雅云敦盛也牂壯也言萬物盛壯也　十二

大餘二十一　小餘四百五十

大餘二十九　小餘八

昭陽汁洽二年汁一作協。正義曰李巡云言陰陽化生萬物和合故曰協洽也　閏十三

大餘十五　小餘七百九十八



大餘三十四　小餘十六

橫艾涒灘始元元年正西涒灘一作芮漢。正義曰孫炎注云爾雅云涒灘萬物吐秀乃傾垂之貌也　十二

大餘三十九　小餘七百五

大餘三十九　小餘二十四

尚章作噩二年噩一作鄂。正義曰李巡云作鄂萬物皆落枝起之貌也　十二

大餘三十四　小餘一百一十三

大餘四十五　無小餘

焉逢淹茂三年淹一作閹。正義曰李巡云言萬物皆蔽冒故曰閹茂蔽冒也　閏十三

大餘二十八　小餘四百六十一

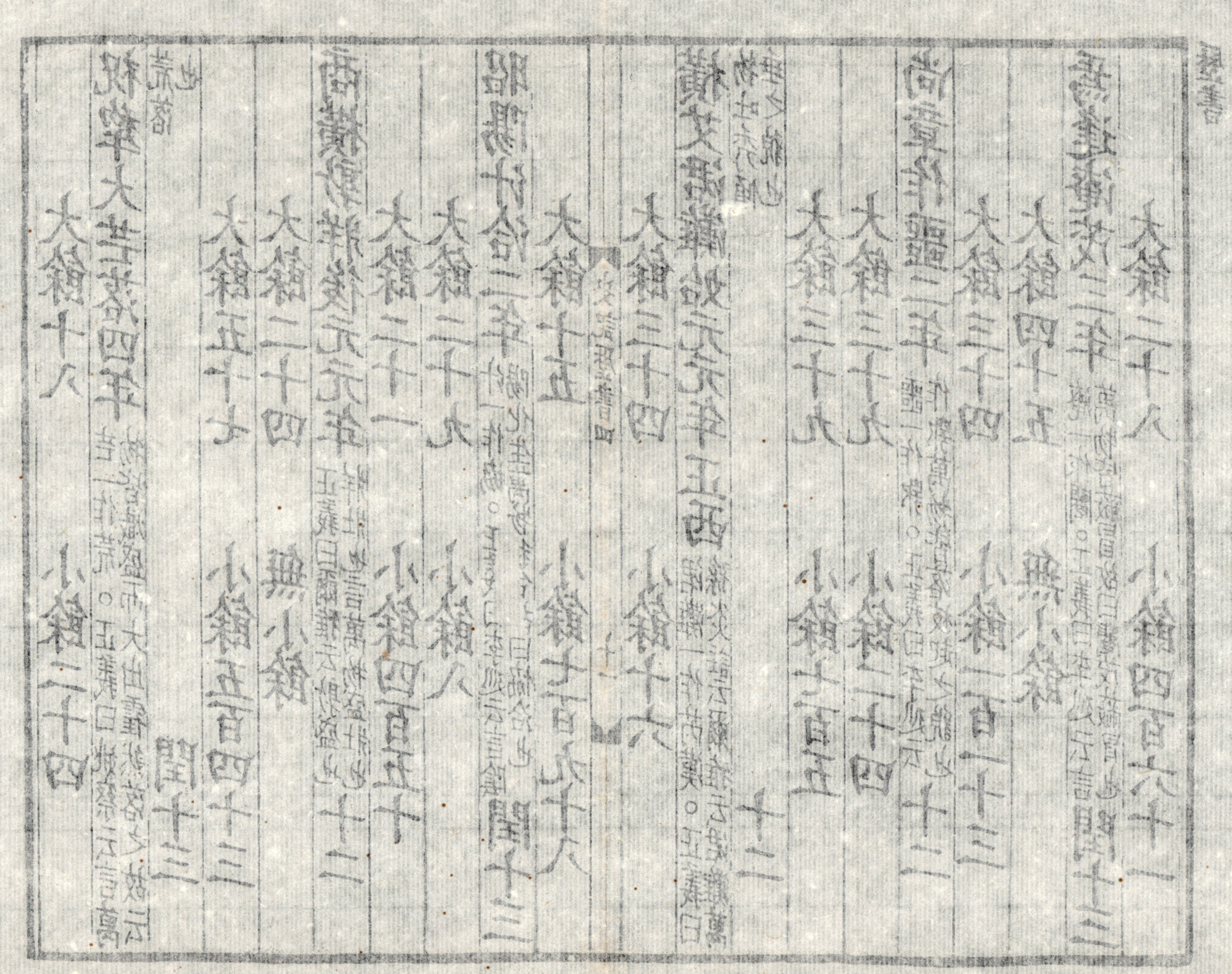

大餘十八　小餘二十四

祝犂大荒落四年（[illegible]）

閏十三

大餘五十七　小餘五百四十三

大餘二十四　無小餘

商橫涒灘後元元年（[illegible]）

十二

大餘二十一　小餘四百五十

大餘二十九　小餘八

昭陽汁洽二年（[illegible]）閏十三

大餘十五　小餘七百九十八



大餘三十四　小餘十六

橫艾涒灘始元元年（[illegible]）

十二

大餘三十九　小餘七百五

大餘三十九　小餘二十四

尚章作噩二年（[illegible]）十二

大餘三十四　小餘一百一十三

大餘四十五　無小餘

焉逢淹茂三年（[illegible]）閏十三

大餘二十八　小餘四百六十一

大餘五十　小餘八

端蒙困敦四年　正義曰孫炎云困敦混沌也言萬物萌混沌於黃泉之下也　十二

大餘五十二　小餘三百六十八

大餘五十五　小餘十六

游兆困敦五年　十二

大餘四十六　小餘七百一十六

無大餘　小餘二十四

彊梧赤奮若六年　正義曰李巡云陽氣奮迅萬物而起無不若其性故曰赤奮若陽色奮迅也若順也　閏十三

大餘四十一　小餘一百二十四



大餘六　無小餘

徒維攝提格元鳳元年　十二

大餘五　小餘三十一

大餘十一　小餘八

祝犂單閼二年　十二

大餘五十九　小餘三百七十九

大餘十六　小餘十六

商橫執徐三年　閏十三

大餘五十三　小餘七百二十七

大餘二十一　小餘二十四

昭陽大荒落四年　十二
大餘十七　小餘六百三十四
大餘二十七　無小餘
橫艾敦牂五年　閏十三
大餘十二　小餘四十二
大餘三十二　小餘八
尚章汁洽六年　十二
大餘三十五　小餘八百八十九
大餘三十七　小餘十六
焉逢涒灘元平元年　十二



大餘三十　小餘二百九十七
大餘四十二　小餘二十四
端蒙作噩本始元年　閏十三
大餘二十四　小餘六百四十五
大餘四十八　無小餘
游兆閹茂二年　十二
大餘四十八　小餘五百五十二
大餘五十三　小餘八
彊梧大淵獻三年正義曰孫炎云淵獻深也獻萬物於天深於藏蓋也　十二
大餘四十二　小餘九百

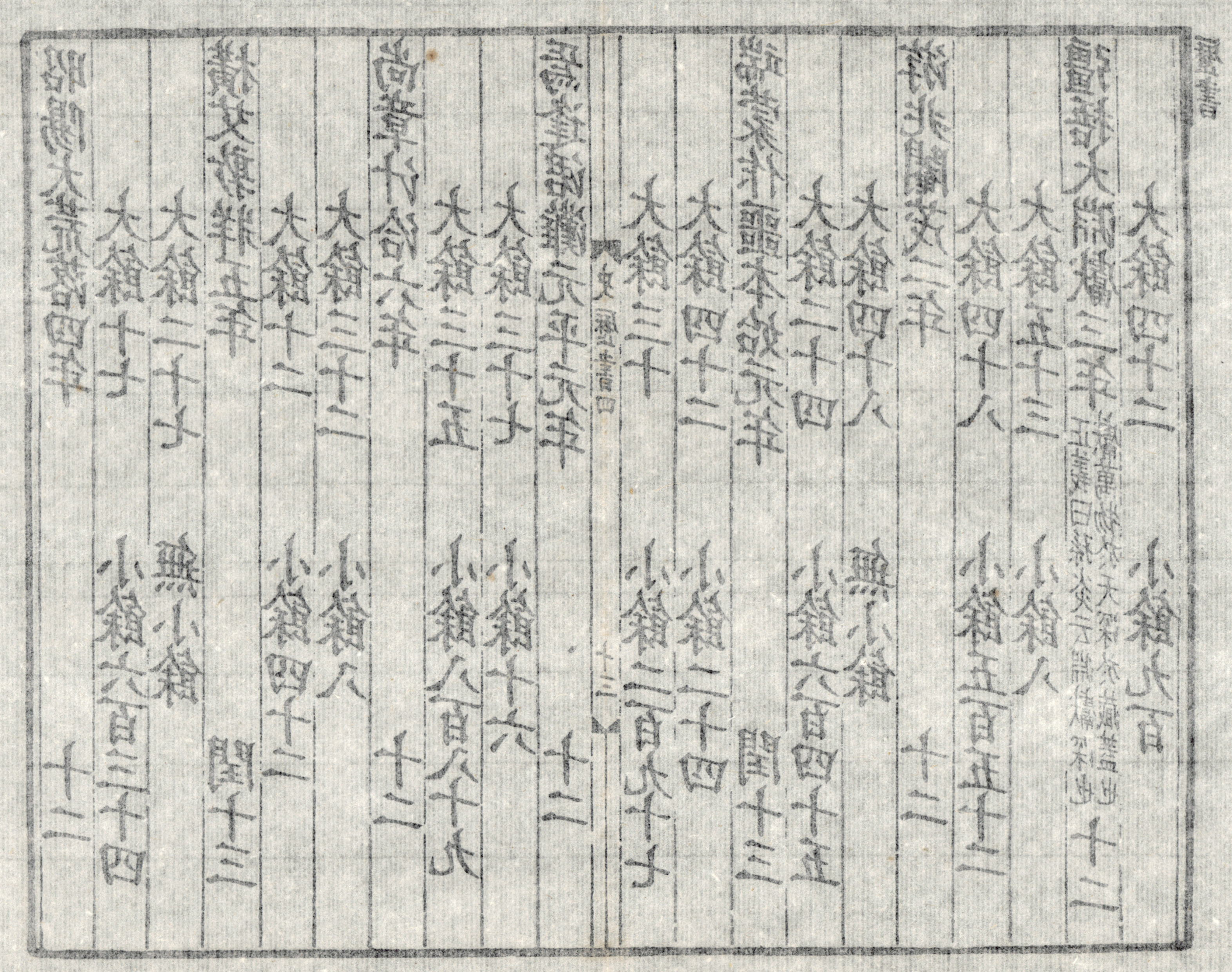

昭陽大荒落四年　　十二

大餘十七　　小餘六百三十四

大餘二十七　　無小餘

橫艾敦牂五年　　閏十三

大餘十二　　小餘四十二

大餘三十二　　小餘八

尚章汁洽六年　　十二

大餘三十五　　小餘八百八十九

大餘三十七　　小餘十六

焉逢涒灘天漢元年　　十二



大餘三十　　小餘二百九十七

大餘四十二　　小餘二十四

端蒙作噩本始元年　　閏十三

大餘二十四　　小餘六百四十五

大餘四十八　　無小餘

游兆閹茂二年　　十二

大餘四十八　　小餘五百五十二

大餘五十三　　小餘八

彊梧大淵獻三年（正義曰[illegible]）　　十二

大餘四十二　　小餘九百

昭陽單閼三年正南　十二

大餘十九　小餘四百七十

大餘十九　小餘十六

横艾執徐四年　十二

大餘十三　小餘八百一十八

大餘二十四　小餘二十四

尚章大荒落元康元年　閏十三

大餘八　小餘二百二十六

大餘三十　無小餘

焉逢敦牂二年　十二

大餘五十八　小餘十六

徒維困敦四年　閏十三

大餘三十七　小餘三百八

大餘三　小餘二十四

祝犂赤奮若地節元年　十二

大餘一　小餘二百一十五

大餘九　無小餘

商橫攝提格二年　閏十三

大餘五十五　小餘五百六十三

大餘十四　小餘八

大餘三十二　小餘一百三十三

大餘三十五　小餘八

端蒙協洽三年　十二

大餘二十六　小餘四百八十一

大餘四十　小餘十六

游兆涒灘四年　閏十三

大餘二十　小餘八百二十九

大餘四十五　小餘二十四

彊梧作噩神雀元年　十二

大餘四十四　小餘七百三十六



大餘五十一　無小餘

徒維淹茂二年　十二

大餘三十九　小餘一百四十四

大餘五十六　小餘八

祝犂大淵獻三年　閏十三

大餘三十三　小餘四百九十二

大餘一　小餘十六

商橫困敦四年　十二

大餘五十七　小餘三百九十九

大餘六　小餘二十四

大餘六　　小餘二十四

大餘五十七　　小餘三百九十九

商橫困敦四年　　十二

大餘一　　小餘十六

大餘三十三　　小餘四百九十二

祝犁大淵獻三年　　閏十三

大餘五十六　　小餘八

大餘三十九　　小餘一百四十四

徒維淹茂二年　　十二

大餘五十一　　無小餘



大餘四十四　　小餘七百三十六

彊梧作噩神爵元年　　十二

大餘四十五　　小餘二十四

大餘二十　　小餘八百二十九

游兆涒灘四年　　閏十三

大餘四十　　小餘十六

大餘二十六　　小餘四百八十一

端蒙協洽三年　　十二

大餘三十五　　小餘八

大餘三十二　　小餘一百三十三

昭陽赤奮若五鳳元年　閏十三
大餘五十一　小餘七百四十七
大餘十二　無小餘
橫艾攝提格二年　十二
大餘十五　小餘六百五十四
大餘十七　小餘八
尚章單閼三年　十二
大餘十　小餘六十二
大餘二十二　小餘十六
焉逢執徐四年　閏十三



大餘四　小餘四百一十
大餘二十七　小餘二十四
端蒙大荒落甘露元年　十二
大餘二十八　小餘三百一十七
大餘三十三　無小餘
游兆敦牂二年　十二
大餘二十二　小餘六百六十五
大餘三十八　小餘八
彊梧協洽三年　閏十三
大餘十七　小餘七十三

大餘四十三　小餘十六

徒維涒灘四年　十二

大餘四十　小餘九百二十

大餘四十八　小餘二十四

祝犂作噩黃龍元年　閏十三

大餘三十五　小餘三百二十八

大餘五十四　無小餘

商橫淹茂初元元年正東　十二

大餘五十九　小餘二百三十五

大餘五十九　小餘八



昭陽大淵獻二年　十二

大餘五十三　小餘五百八十三

大餘四　小餘十六

橫艾困敦三年　閏十三

大餘四十七　小餘九百三十一

大餘九　小餘二十四

尚章赤奮若四年　十二

大餘十一　小餘八百三十八

大餘十五　無小餘

焉逢攝提格五年　十二

閼逢攝提格五年　十二
大錄十五　無小錄
大錄十一　小錄八百三十八
尚章赤奮若四年　十二
大錄九　小錄二十四
大錄四十七　小錄九百三十一
橫艾困敦三年　閏十三
大錄四　小錄十六
大錄五十三　小錄五百八十三
昭陽大淵獻二年　十二



大錄五十九　小錄八
大錄五十九　小錄二百三十五
商橫淹茂元年正東　十二
大錄五十四　無小錄
大錄三十五　小錄三百二十八
彊圉作噩黃龍元年　閏十三
大錄四十八　小錄二十四
大錄四十　小錄九百二十
柔兆涒灘四年　十二
大錄四十三　小錄十六

大餘六　小餘二百四十六
大餘二十　小餘八
端蒙單閼永光元年　閏十三
無大餘　小餘五百九十四
大餘二十五　小餘十六
游兆執徐二年　十二
大餘二十四　小餘五百一
大餘三十　小餘二十四
彊梧大荒落三年　十二
大餘十八　小餘八百四十九



大餘三十六　無小餘
徒維敦牂四年　閏十三
大餘十三　小餘二百五十七
大餘四十一　小餘八
祝犂協洽五年　十二
大餘三十七　小餘一百六十四
大餘三十六　小餘十六
商橫涒灘建昭元年　閏十三
大餘三十一　小餘五百一十二
大餘五十一　小餘二十四

大餘五十一　小餘二十四

大餘三十一　小餘五百一十二

商橫涒灘建昭元年　閏十三

大餘三十六　小餘十六

大餘三十七　小餘一百六十四

祝犁協洽五年　十二

大餘四十一　小餘八

大餘十三　小餘二百五十七

徒維敦牂四年　閏十三

大餘三十六　無小餘



大餘十八　小餘八百四十九

彊梧大荒落三年　十二

大餘三十　小餘二十四

大餘二十四　小餘五百一

游兆執徐二年　十二

大餘二十五　小餘十六

無大餘　小餘五百九十四

端蒙單閼永光元年　閏十三

大餘二十　小餘八

大餘六　小餘二百四十六

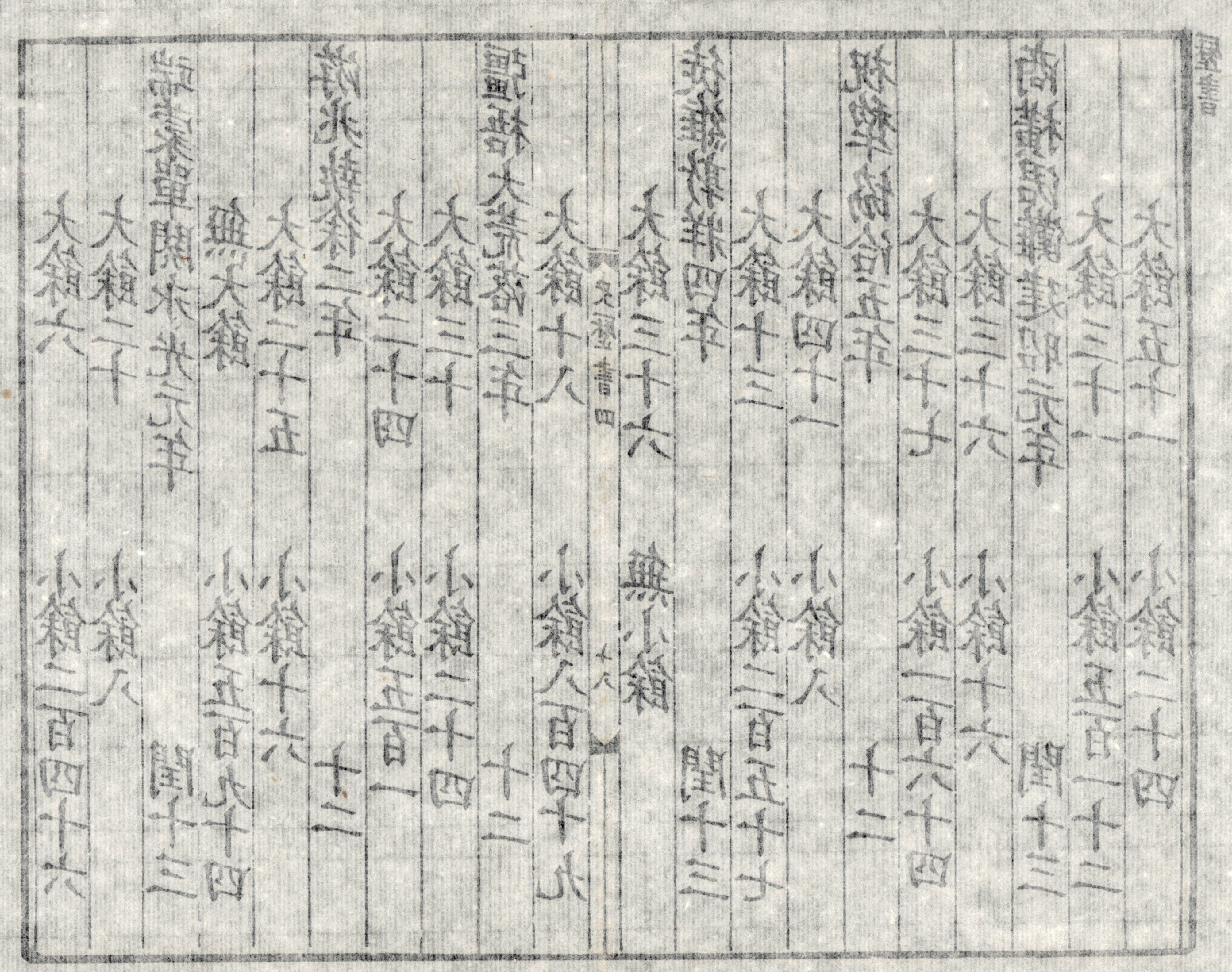

昭陽作噩二年　十二
大餘五十五　小餘四百一十九
大餘五十七　無小餘
横艾閹茂三年　十二
大餘四十九　小餘七百六十七
大餘二　小餘八
尚章大淵獻四年　閏十三
大餘四十四　小餘一百七十五
大餘七　小餘十六
焉逢困敦五年　十二
大餘八　小餘八十二
大餘十二　小餘二十四
端蒙赤奮若竟寧元年　十二
大餘二　小餘四百三十
大餘十八　無小餘
游兆攝提格建始元年　閏十三
大餘五十六　小餘七百七十八
大餘二十三　小餘八
彊梧單閼二年　十二
大餘二十　小餘六百八十五

昭陽作噩二年　十二

大餘五十五　小餘四百一十九

大餘五十七　無小餘

橫艾淹茂三年　十二

大餘四十九　小餘七百六十七

大餘二　小餘八

尚章大淵獻四年　閏十三

大餘四十四　小餘一百七十五

大餘七　小餘十六

焉逢困敦五年　十二



大餘八　小餘八十二

大餘十二　小餘二十四

端蒙赤奮若六年　十二

大餘二　小餘四百三十

大餘十八　無小餘

游兆攝提格元鳳元年　閏十三

大餘五十六　小餘七百二十八

大餘二十三　小餘八

彊梧單閼二年　十二

大餘二十　小餘六百八十五

大餘二十八　小餘十六

徒維執徐三年　閏十三

大餘十五　小餘九十三

大餘三十三　小餘二十四

祝犂大荒落四年

右歷書大餘者日也小餘者月也端蒙者年名也支丑名赤奮若寅名攝提格干丙名游兆正北（冬至加子時）正西（加酉時）正南（加午時）正東（加卯時）

索隱述贊曰歷數之興其來尚矣重黎是司容成斯紀推步天象消息母子五勝輪環三正互起孟陬貞歲疇人順軌敬授之方履端爲美



歷書第四　史記二十六

# 天官書第五　史記二十七

索隱曰案天文有五官官者星官也星座有尊卑若人之官曹列位故曰天官。正義曰張衡云文曜麗乎天其動者有七日月五星是也日者陽精之宗月者陰精之宗五星五行之精衆星列布體生於地精成於天列居錯峙各有所屬在野象物在朝象官在人象事其以神著有五列焉是有三十五名一居中央謂之北斗四布於方各七爲二十八舍日月運行歷示吉凶也

中宮天極星索隱曰姚氏案春秋元命包云宮之爲言宣也宮氣立精爲神垣又文耀鉤曰中宮大帝其精北極星含元出氣流精生一也爾雅云北極謂之北辰又春秋合誠圖云北辰其星五在紫微中楊泉物理論云北極天之中陽氣之北極也極南爲太陽極北爲太陰日月五星行太陰則無光行太陽則能照故爲昏明寒暑之限極也其一明者太一常居也索隱曰案春秋合誠圖云紫微大帝室太一之精也。正義曰泰一天帝之別名也劉伯莊云泰一天神之最尊貴者也旁三星三公正義曰三公三星在北斗杓東又三公三星在北斗魁西並爲太尉司徒司空之象主變出陰陽主佐機務占以從爲不吉居常則安金火守之並爲咎也或曰子屬後句四星末大星正妃索隱曰句音鉤句曲也援神契云辰極橫后妃四星從大妃光明又按星經以後句四星名爲四輔其句陳六星爲六宮亦主六軍與此不同也餘三星後宮之屬也環之匡衛十二星藩臣皆曰紫宮索隱曰元命包曰紫之言此也宮之言中也言天神運動陰陽開閉皆在此中也宋均又以爲十二軍中外位各定揔謂之紫宮也前列直斗口三星隨北端兌索隱曰劉氏直音如字直當也又音值隨音他果反斗一作北案漢書天文志北作比端作耑兌作銳銳謂星形尖邪也若見若不曰陰德正義曰星經云陰德二星在紫微宮內尚書西主施德惠者故贊陰德遺惠周急賑撫占以不明爲宜明新君踐極也又云陰德星中宮女主之象星動搖釁起宮掖貴嬪內妾惡之或曰天一索隱曰文耀鉤曰陰德爲天下綱宋均以

天官書第五　史記二十七

索隱案天文有五官官者星官也星座有尊卑若人之官曹列位故曰天官　正義張衡云文曜麗乎天其動者有七日月五星是也日者陽精之宗月者陰精之宗五星五行之精眾星列布體生於地精成於天列居錯跱各有所屬在野象物在朝象官在人象事其以神著有五列焉是有三十五名一居中央謂之北斗四布於方各七為二十八舍日月運行歷示吉凶也

中宮天極星，索隱案春秋元命包曰官之為言宣也宣氣立精為神垣又文耀鉤曰中宮大帝其精北極星含元出氣流精生一也　索隱案爾雅北極謂之北辰又春秋合誠圖云北辰其星五在紫微中楊泉物理論云北極天之中陽氣之北極也極南為太陽極北為太陰日月五星行太陰則無光行太陽則能照故為昏明寒暑之限極也

其一明者，太一常居也；索隱案春秋合誠圖云紫微大帝室太一之精也　正義泰一天帝之別名也劉伯莊云泰一天神之最尊貴者也

旁三星三公，



或曰子屬。後句四星，末大星正妃，餘三星後宮之屬也。環之匡衛十二星，藩臣。皆曰紫宮。前列直斗口三星，隨北端兌，若見若不，曰陰德，或曰天一。

爲陰行德者道常也。正義曰天一一星疆閶闔外天帝之神主戰鬬知人吉凶明而有光則陰陽和萬物成人主吉不然反是太一一星次天一南亦天帝之神主使十六神知風雨水旱兵革饑饉疾疫占以不明及移爲災也星經云天一太一二星主王者即位令諸立赤子而傳國位者星不欲微微則廢立不當其次宗廟不享食矣 紫宮左三星曰天槍右五星曰天棓 蘇林曰音掊打之掊。索隱曰槍音七庚反棓音皮韋昭音剖詩緯云槍三星棓五星在斗杓左右主槍人棓人石氏星讚云槍棓八星備非常之變也。正義曰龎掌反天棓五星在女牀東北天子先驅所以禦兵也占星不具國兵起也 後六星絶漢抵營室曰閣道 索隱曰絶度也抵屬也又案樂汁圖云閣道北斗之輔石氏云閣道六星神所乘也。正義曰漢天河也直度曰絶抵至也營室七星天子之宮亦爲玄宮亦爲清廟主上公亦天子離宮別館也王者道被草木營室曆九象而可觀閣道六星在王良北飛閣之道天子欲遊別宮之道占一星不見則輦路不通動搖則宮掖之內起兵也 北斗七星所謂旋璣玉衡以齊七政 索隱曰春秋運斗樞云斗第一天樞第二旋第三璣第四權第五衡第六開陽第七搖光第一至第四爲魁第五至第七爲標合而爲斗文耀鉤云斗者天之喉舌玉衡屬杓魁爲旋璣整長曆云北斗七星星間相去九千里其二陰星不見者相去八千里也尚書旋作璿馬融云璿美玉也璣渾天儀可轉旋故曰璣衡其中橫筩以璿爲璣以玉爲衡蓋貴天象也鄭玄注大傳云渾儀其中筩爲旋璣外規爲玉衡者是也尚書大傳云七政謂春秋冬夏天文地理人道所以爲政也人道正而萬事順成又馬融註尚書云七政者北斗七星各有所主第一曰主日法天第二曰主月法地第三曰命火謂熒惑也第四曰煞土謂塡星也第五曰伐水謂辰星也第六曰危木謂歲星也第七曰罰金謂太白也日月五星各異故名曰七政也 杓攜龍角 孟康曰杓北斗杓也龍角東方宿也攜連也。正義曰按角星爲天關其間天門其內天庭黃道所經七耀所行左角爲理主刑其南爲太陽道右角爲將主兵其北爲太陰道也蓋天之三門故其星明大則天下太平賢人在位不然反是也 衡殷南斗魁枕參首 晉灼曰衡斗之中央殷中也。索隱曰宋均云殷當也。正義曰枕之禁

[illegible]○正義曰天一一星疆閶闔外天帝之神主戰鬥知人吉凶明而有光則陰陽和萬物成人主吉不然反是太一一星次天一南亦天帝神也主使十六神知風雨水旱兵革饑饉疾疫災害所在之國也

紫宮左三星曰天槍右五星曰天棓[illegible]蘇林曰音棓打○索隱曰槍音[illegible]反棓音[illegible]○正義曰天槍三星在北斗杓東天棓五星在女牀東北天子先驅所以禦兵也[illegible]

後六星絕漢抵營室曰閣道索隱曰樂汁圖云閣道[illegible]○正義曰漢天河也直度曰絕抵至也營室七星天子之宮[illegible]閣道六星在王良北飛閣之道天子欲遊別宮之道[illegible]

北斗七星所謂旋璣玉衡以齊七政[illegible]七政者北斗七星各有所主第一曰正日第二曰主月法第三曰命火謂熒惑也第四曰煞土謂填星也第五曰伐水謂辰星也第六曰危木謂歲星也第七曰剽金謂太白也日月五星各異故曰七政也[illegible]第二旋第三璣第四權第五衡第六開陽第七搖光第一至第四為魁第五至第七為標合而為斗[illegible]

杓攜龍角[illegible]

衡殷南斗晉灼曰衡斗之中央殷中也[illegible]曰宋均云[illegible]

反衡斗衡也魁斗第一星也言北方斗斗衡直當北之魁
枕於參星之道北斗之杓連於龍角南斗六星爲天廟丞
相太宰之位主薦賢良授爵禄又主兵天機南二星魁天
梁中央一星天相北二星天府庭也占斗星盛明王道和
平爵禄行不然反是參主斬刈又爲天獄主殺罰其中三
星横列者三將軍東主後將軍西南曰右足主偏將軍故
軒轅氏占之以北曰左肩主左將軍西北曰右肩主右將
軍東南曰左足應七將也中央三小星曰伐天之都尉也
主戎狄之國不欲明若芒角張明與參等大臣謀亂兵起
夷狄內戰七將皆明天下主兵振王道缺參失色軍散敗
動搖邊候有急參左足入玉井中及金火守皆爲起兵**用昏建者杓杓自華以**
**西南**孟康曰傳曰斗第七星法太白主杓斗之尾也尾爲陰又其用昏昏陰位在西方故主西南。索隱
曰說文云杓斗柄音匹遥反即招搖也。正義曰杓東北第七星也華華山也言北斗昏建用斗杓星指寅也杓華
山西南之地也**夜半建者衡**徐廣曰第五星**衡殷中州河濟之**
**閒**孟康曰假令杓昏建寅衡夜半亦建寅。正義曰衡北斗衡也言北斗夜半建用斗衡指寅殷當也斗衡



黄河清水之間地也**平旦建者魁魁海岱以東北也**孟康曰傳曰斗
第一星法於日主齊也魁斗之首首陽也又其用在明陽與明德在東方故主東北齊分。正義曰言北斗旦建用
斗魁指寅也海岱代郡也言魁星主海岱之東北地也隨三時所指有前三建也**斗爲帝車運**
**于中央**索隱曰姚氏案宋均云言是大帝乘車巡狩故無所不紀也**臨制四鄉分**
**陰陽建四時均五行移節度定諸紀皆繫於斗**
**斗魁戴匡六星**晉灼曰似戴故曰戴匡也**曰文昌宮**索隱曰文耀鈎云文昌宮
爲天府孝經援神契云文者精所聚昌者揚天紀輔拂並居以成天象故曰文昌宮**一曰上將二**
**曰次將三曰貴相四曰司命五曰司中六曰司**
**禄**索隱曰春秋元命包曰上將建威武次將正左右貴相理文緒司禄賞功進士司命主災咎司灾
主左理也**在斗魁中貴人之牢**孟康曰傳曰天理四星在斗魁中貴人牢名曰

用昏建者杓杓自華以西南

夜半建者衡衡殷中州河濟之間

平旦建者魁魁海岱以東北也

斗為帝車運于中央臨制四鄉分陰陽建四時均五行移節度定諸紀皆繫於斗

斗魁戴匡六星曰文昌宮一曰上將二曰次將三曰貴相四曰司命五曰司中六曰司祿

在斗魁中貴人之牢

天理。索隱曰樂汁圖曰天寶理貴人牢宋均曰以理牢獄也。正義曰占明及其中有星比貴人下獄也魁下六星兩兩相比者名曰三能蘇林曰音三台。索隱曰漢書東方朔頌陳泰階六符孟康曰泰階三台也台星凡六星六符六星之符驗也應劭引黃帝泰階六符經曰泰階者天子之三階上階上星爲男主下星爲女主中階上星爲諸侯三公下星爲卿大夫下階上星爲士下星爲庶人三階平則陰陽和風雨時不平則稼穡不成冬雷夏霜天行暴令好興甲兵修宮榭廣苑囿則上階爲之坼也三能色齊君臣和不齊爲乖戾輔星孟康曰在北斗第六星旁。正義曰大臣之象也占欲其小而明若大而明則臣奪君政小而明則臣不任職明大與斗合國兵暴起暗而遠斗臣不死則奪若近臣專賞用賢排佞則輔生角近臣擅國符印將謀社稷則輔生翼不然則死也明近輔臣親彊斥小疏弱蘇林曰斥遠也杓端有兩星一內爲矛招搖孟康曰近北斗者招搖招搖爲天矛晉灼曰更河三星天矛鋒招搖一星耳。索隱曰案詩紀歷樞



云更河中招搖爲胡兵宋均云招搖星在更河內樂汁圖云更河天矛星宋均以爲更河名天矛則更河是星名也一外爲盾天鋒晉灼曰外遠北斗也在招搖南一名玄戈。正義曰星經云梗河星爲戟劍之星若星不見或進退不定鋒鏑亂起將爲邊境之患也有句圜十五星索隱曰句音鉤圜音貟其形如連環即貫索星也屬杓正義曰屬音燭曰賤人之牢索隱曰詩紀歷樞云賤人牢一曰天獄又樂汁圖云連營賤人牢宋均以爲連營貫索星也。正義曰貫索九星在七公前一曰連索主法律禁暴強也爲賤人牢也且一星爲門欲其開也占星悉見則獄事繁不見則刑務簡動搖則斧鉞用中虛則改元口開則有赦人主憂若閉口及星入牢中有自繫死者常夜候之一星不見有小喜二星不見則賜祿三星不見則人主德令且赦遠十七日近十六日若有客星出見其小大大有大赦小亦如之也其牢中星實則囚多虛則開出天一槍棓矛盾動搖角大兵起李奇曰角芒角東宮蒼龍房心心爲明堂索隱曰文燿鉤云東

宮蒼帝其精爲龍爾雅云大辰房心尾也李巡曰大辰蒼龍宿體最明也春秋說題辭云房心爲明堂天王布政之宮尚書運期授曰所謂房四表之道宋均云四星間有三道日月五星所從出入也**大星天王前**

**後星子屬**索隱曰鴻範五行傳曰心之大星天王也前星太子後星庶子**不欲直直**

**則天王失計房爲府曰天駟**索隱曰爾雅云天駟房也詩紀歷樞云房爲天馬主車駕宋均云房既近心爲明堂又别爲天府及天駟也**其陰右驂**正義曰房星君之位亦主左驂亦主良馬故爲駟王者恒祠之是馬祖也**旁有兩星曰衿**索隱曰音其炎反元命包曰鈎鈐兩星以閑防神府闓舒爲主鈎距以備非常也。正義曰占明而近房天下同心鈎鈐房心之間有客星出及疎拆者皆地動之祥也**北一星曰舝**徐廣曰音轄。正義曰說文云舝車軸耑鍵也兩相穿背也星經云鍵閉一星在房東北掌管籥也占一反不居其所則津梁不通宮門不禁居則反是也**東北**

**曲十二星曰旗**正義曰兩旗者左旗九星在河鼓左也右旗九星在河鼓右也皆天之鼓旗所



以爲旌表占欲其明大光潤將軍吉不然爲兵憂及不居其所則津梁不通動搖則兵起也**旗中四**

**星曰天市**正義曰天市二十三星房心東北主國市聚交易之所一曰天旗明則市吏急商人無利忽然不明反是市中星衆則歲實稀則歲虛熒惑犯戮不忠之臣彗星出當徙市易都客星入兵大起出之有貴喪也**中六星曰市樓市中星衆者實其虛則耗**正義曰耗貧無也**房南衆星曰騎官左角李右角將**索隱曰李即理法官也故元命包云左角理物以起右角將率而動又石氏云左角爲天田右角爲天門也**大角**

**者天王帝廷**索隱曰援神契云大角爲坐候宋均云坐帝坐也。正義曰大角一星在兩攝提間人君之象也占其明盛黃潤則天下大同也**其兩旁各有三星鼎足**

**句之曰攝提**晉灼曰如鼎之句曲。索隱曰元命包云攝提之爲言提攜也言能提斗携角以接於下也。正義曰攝提六星夾大角大臣之象恒直斗灼所指紀八節察萬事者也占色溫溫不明而大者人君恐

大星天王前後星子屬不欲直直則天王失計房為府曰天駟其陰右驂旁有兩星曰衿北一星曰舝東北曲十二星曰旗



旗中四星曰天市中六星曰市樓市中星眾者實其虛則耗房南眾星曰騎官左角李右角將大角者天王帝廷其兩旁各有三星鼎足句之曰攝提

客星入之聖人受制也攝提者直斗杓所指以建時節故曰

攝提格亢爲疏廟索隱曰元命包云亢四星爲廟廷文耀鈎爲疏廟宋均以爲疏外也

廟或爲朝也。正義曰聽政之所也其占明大則輔臣忠天下寧不然則反是也主疾其南北

兩大星曰南門正義曰南門二星在庫樓南天之外門占明則氐羌貢暗則諸夷叛客星

守之外兵且至也氐爲天根正義曰星經云氐四星爲露寢聽朝所居其占明大則臣下奉度合

誠圖云氐爲宿宮也主疫索隱曰爾雅云天根氐也孫炎以爲角亢下繫於氐若木之有根宋均云疫疾

也三月榆莢落故主疾疫也然此時物雖生而日宿在奎行毒氣故有疫疾也。正義曰氐房心三宿爲災於辰在

卯宋之分野尾爲九子索隱曰宋均云屬後宮場故得兼子子必九者取尾有九星也元命包云

尾九星箕四星爲後宮之場也。正義曰尾箕尾爲析木之津於辰在寅燕之分野尾九星爲後宮亦爲九子星近

心第一星爲后妃次三星並爲次三嬪末二星爲妾占均明大小相承則後宮敘而多子不然則不金火守之後宮

兵起若明暗不常妃嫡乖亂妾媵失序曰君臣斥絕不和箕爲敖客

曰口舌索隱曰宋均云敖調弄也箕以簸揚調弄爲象箕又受物有去去來來客之象也詩云維南有

箕載翕其舌又詩緯云箕爲天口主出氣是箕有舌象讒言故詩曰哆兮侈兮成是南箕謂爲敖客行請謁也。正

義曰敖音傲箕主八風亦后妃之府也移徙入河國人相食金火入守天下亂月宿其野爲風起火犯

守角則有戰索隱曰韋昭曰火熒惑。正義曰熒惑犯守箕尾氐星自生芒角則有戰陣之事若

熒惑守房心及房心自生芒角則王者惡之也房心王者惡之也南宮朱

鳥正義曰柳八星爲朱鳥咮天之廚宰主尚食和滋味權衡孟康曰軒轅爲權太微爲衡。索隱

曰文耀鈎云南宮赤帝其精爲朱鳥也。正義曰權四星在軒轅尾西主烽火備警急占以明爲安靜明一訓警急

動搖芒角亦如之衡太微之庭也衡太微三光之廷索隱曰宋均曰太微天帝南宮也三

光日月五星也匡衛十二星藩臣索隱曰春秋合誠圖曰太微主法式陳星十二以備

攝提者直斗杓所指以建時節故曰攝提格亢為疏廟主疾其南北兩大星曰南門氐為天根主疫尾為九子曰君臣斥絕不和箕為敖客曰口舌火犯守角則有戰房心王者惡之也南宮朱鳥權衡衡太微三光之廷匡衛十二星藩臣西

武急也。正義曰太微宮垣十星在翼軫地天子之宮庭五帝之坐十二諸侯之府也其外藩九卿也南藩中二星間於端門次東第一星爲左執法廷尉之象第二星爲上相第三星爲次相第四星爲次將第五星爲上將端門西第一星爲右執法御史大夫之象也第二星爲上將第三星爲次將第四星爲次相第五星爲上相其東垣北左執法上相兩星間名曰左掖門上相兩星間名曰東華門上相次相上將次將間名曰太陽門其西垣右執法上將間名曰右掖門上將間名曰西華門次將次相間名曰中華門次相兩星間名曰太陰門各依其名是其職也占與紫宮垣同也

西將東相南四星執法中端門門左右掖門門內六星諸侯 正義曰內五諸侯五星列在帝庭其星並欲光明潤澤若枯燥則各於其處受其災變大至誅戮小至流亡若動搖則擅命以干主者審其分以占之則無惑也又云諸侯五星在東井北河主刺舉戒不虞又曰理陽察得失一曰帝師二曰帝友三曰三公四曰博士五曰太史此五者爲天子定疑議也占明大潤澤大小齊等則國之福不然則上下相猜忠臣不用

其內五星五帝坐 索隱曰詩含神霧云五精星坐其東蒼帝坐神名靈威仰精爲青龍之類也。正義曰黃帝坐一星在太微宮中含樞紐之神四星夾黃帝坐蒼帝東方靈威仰之神赤帝南方赤熛怒之神白帝西方白昭矩之神黑帝北方叶光紀之神五帝並設神靈集謀者也占五座明而光則天子得天地之心不然則失位金火來守入太微若順入軌道司其出之所守則爲天子所誅也其逆入若不軌道以所犯名之中坐成形

後聚一十五星蔚然 徐廣曰一云哀烏

曰郎位 索隱曰漢書作哀烏則哀烏蔚然皆星之貌狀其星昭然所以象郎位也。正義曰郎位五星在太微中帝坐東北周之元士漢之光祿中散諫議此三署郎中是今之尚書郎占欲其大小均耀光潤有之吉也

傍一大星將位也 索隱曰宋均云爲羣郎之將帥也。正義曰將子象反郎將一星在郎位東北所以爲武備今之左右中郎將占大而明角將恣不可當也

月五星順入軌道 索隱曰韋昭云謂循軌道不邪逆也順入從西入也。正義曰謂月五星順入軌道入太微庭也

司其出所守天子所誅也 索隱曰宋均云司察日月五星所守

[illegible]……也。○正義曰：太微宮垣十星，在翼、軫地，天子之宮庭，五帝之坐，十二諸侯府也。其外藩，九卿也。南藩中二星間[illegible]

西將，東相；南四星，執法；中，端門；門左右，掖門。[illegible]

門內六星，諸侯。[illegible]

其內五星，五帝坐。[illegible]詩含神霧云五精星坐[illegible]○正義曰：黃帝坐一星，在太微宮中，含樞紐之神。四星夾黃帝坐：東方蒼帝，靈威仰之神；南方赤帝，赤熛怒之神；西方白帝，白招矩之神；北方黑帝，叶光紀之神。五帝並設，神靈集謀者也。



[illegible]

後聚一十五星，蔚然，[illegible]曰郎位；[illegible]傍一大星，將位也。[illegible]

月、五星順入，軌道，[illegible]司其出，所守，天子所誅也。[illegible]

列宿若請官屬不去十日者於是天子命使誅之也其逆入若不軌道以所犯命之中坐成形晉灼曰中坐犯帝坐也成形禍福之形見也。索隱曰宋均云逆入從東入不軌道不由康衢而入也以其所犯命者亦謂隨所犯之位天子必命誅討其人也皆羣下從謀也正義曰命名也謂月五星逆入不依軌道司察其所犯太微中帝坐必成其刑戮皆是羣下相從而謀上也金火尤甚索隱曰案火主銷物而金爲兵故尤急則水土木爲小變也。正義曰若金火逆入不軌道犯帝坐尤甚於月及水土木也廷藩西有隋星五隋音他果反。索隱曰宋均云南北爲隋隋謂垂下也曰少微士大夫索隱曰春秋合誠圖云少微處士位又天官占云一名處士星也。正義曰廷太微廷藩衛也少微四星在太微南北列第一星處士也第二星議士也第三星博士也第四星大夫也占以明大黃潤則賢士舉不明反是月五星犯守處士憂宰相易也權軒轅軒轅黃龍體孟康曰形如騰龍。索隱曰援神契曰軒轅十二星后宮所居石氏星讚以軒轅龍體主后妃也。正義曰軒轅十七星在七星北黃龍之體主雷雨之神後宮之象也陰陽交感雷激爲電和爲雨怒爲風亂爲霧凝爲霜散爲露聚爲雲氣立爲虹蜺離爲背璚分爲抱珥二十四變皆軒轅主之其大星女主也次北一星夫人也次北一星妃也其次諸星皆次妃之屬女主南一小星女御也左一星少民后宗也占欲其小黃而明吉大明則爲後宮爭競移徙則國人流迸東西角大張而振后族敗水火金守軒轅女主惡也前大星女主象旁小星御者後宮屬月五星守犯者如衡占索隱曰宋均云責在后黨嬉饒賊與占此祥天子亦當誅之東井爲水事索隱曰元命包云東井八星主水衡也其西曲星曰鉞正義曰東井八星鉞一星輿鬼五星爲質一星爲鶉首於辰在未皆秦之分野一八星黃道云所經爲天之亭候主水衡事法令所取平也王者用法平則井星明而端列鉞一星附井之前主伺奢淫而斬之占不欲其明與井齊或搖動則天子用鉞於大臣月宿井有風雨之變也鉞北北河南南河正義曰南河三星北河三星分夾東井南北置而爲戒一曰陽門亦曰越門北河北戒一曰陰門亦爲胡門兩戒間三光之常道也占以南星不見則南道不通北亦如之動搖及火守中國兵起也又云動則胡越爲變或連近臣以結之**兩河天闕間爲關梁**索隱曰宋均云兩河六星知逆邪言關梁之限知邪僞也。正義曰闕丘二星在河南天子之雙闕諸侯之兩觀亦象魏縣書之府金火守之兵戰闕下也**輿鬼鬼祠事中白者爲質**晉灼曰輿鬼五星其中白者爲質。正義曰輿鬼四星主祠事天田也主視明察姦謀東北星主積馬東南星主積兵西南星主積布帛西北星主積金玉隨其變占之中一星爲積屍一名質主喪死祠祀占鬼星明大穀成不明百姓散質欲其没不明明則兵起大臣誅下人死之**火守南北河兵起穀不登故德成衡觀成潢**晉灼曰日月五星不軌道也衡太微廷也觀占也潢五帝車舍**傷成鉞**晉灼曰賊傷之占先成形於鉞。索隱曰案德成衡衡則能平物故有德公平者先成形於衡觀成潢潢爲帝車舍言王者遊觀亦先成形於潢也傷成鉞者傷敗也言王者敗德亦先成形於鉞以言有敗亂則有鉞誅之然案文耀鉤則云德成潢敗成鉞其意異也又此下文禍成井誅成質皆是東井下義揔列於此也**禍成井**晉灼曰東井主水事火入一星居其旁天子且以火敗故曰禍也**誅成質**晉灼曰熒惑入輿鬼天質占曰大臣有誅**柳爲鳥注主木草**索隱曰案漢書天文志注作喙爾雅云鳥喙謂之柳孫炎云喙朱鳥之口柳其星聚也以注爲柳星故主草木也。正義曰喙丁救反一作注柳八星星一星張六星爲鶉火於辰在午皆周之分野柳爲朱鳥咮天之廚宰主尚食和滋味占以順明爲吉金火守之國兵大起**七星頸爲員官主急事**索隱曰案宋均云頸朱鳥鴟也員官嚨喉也物在嚨喉終不久留故主急事也正義曰七星爲頸一名天都主衣裳文繡主急事以明爲吉暗爲凶金火守之國兵大起**張素爲廚主觴客**索隱曰素嗉也爾雅云鳥張嗉郭璞云鳥受食之處也。正義曰張六星六爲嗉主天廚飲食賞賚觴客占以明爲吉暗爲凶金火守之國兵大起**翼爲羽翮主遠客**正義曰翼二十星軫四星長沙一星轄二星合軫七星皆爲鶉尾於辰在巳楚之分野翼二十二星爲天樂府又主夷狄

門亦曰越門北河一曰北戍一曰陰門亦為胡門兩戍間三光之常道也占以南星不見則南道不通北亦若之動搖及火守中國兵起[illegible]戍為變故連近也[illegible]

**兩河天闕間為關梁**

索隱曰宋均云兩河六星知逆邪言關梁之限知邪偽也○正義曰闕丘二星在河南天子之雙闕諸侯之兩觀亦象魏縣書之府金火守之兵戰闕下也

**輿鬼鬼祠事中白者為質**

[illegible]鬼五星其中白者為質○正義曰輿鬼四星主祠事天目也主視明察姦謀東北星主積馬東南星主積兵西南星主積布帛西北星主積金玉隨其變占之中一星為積尸一名質主喪死祠祀占鬼星明大穀成不明人散動而光賦斂重役興徙人愁政令急鬼質欲其忽忽不明則安明則兵起大臣誅下人死

**火守南北河兵起穀不登故德成衡觀成潢**

[illegible]○索隱曰宋均[illegible]

**傷成鉞**



則云德成潢[illegible]成鉞其異也以下文皆[illegible]

**禍成井**

曰東井主水事火入一星居其旁天子且以火敗故曰禍也

**誅成質**

[illegible]志曰熒惑入輿鬼天質占曰大臣有誅

**柳為鳥注主木草**

索隱曰案漢書天文志注作喙爾雅云鳥喙謂之柳孫炎云喙朱鳥之口柳其星聚也以注為[illegible]也○正義曰[illegible]於辰在午皆周之分野柳為朱鳥[illegible]天之廚宰主尚食和滋味占以明為吉金火守之國兵大起

**七星頸為員官主急事**

索隱曰宋均云頸朱鳥頸也員官喉也物在喉嚨終不久留故主急事也○正義曰七星為頸一名天都主衣裳文繡主急事以明為吉暗為凶金火守之國兵大起

**張素為廚主觴客**

索隱曰素嗉也爾雅云鳥張嗉[illegible]○正義曰張六星六為嗉主天廚飲食賞賚觴客占以明為吉暗為凶金火守之國兵大起

**翼為羽翮主遠客**

○正義曰翼二十二星軫四星長沙一星轄二星合軫七星皆為鶉尾於辰在巳楚之分野翼二十二星為天樂府又主夷狄亦

亦主遠客占明大禮樂與四夷服從則天子舉兵以罰亂者軫爲車主風索隱曰宋均云軫四星居中又有二星爲左右轄車之象也軫與巽同位爲風車動行疾似之也。正義曰軫四星主冢宰輔臣又主車騎亦主風占明大則車騎用太白守之天下學校散文儒失業兵戈大興熒惑守之南方有不用命之國當發兵伐之辰星守之徐泗有戮之者其旁有一小星曰長沙正義曰長沙一星在軫中主壽命占明主長壽子孫昌也星星不欲明明與四星等若五星入軫中兵大起索隱曰宋均云五星主行使使動兵車亦動也軫南衆星曰天庫正義曰天庫一星主太白秦也在五車中樓庫有五車車星角若益衆及不具無處車馬西宮索隱曰文耀鉤云西宮白帝其精白虎咸池正義曰咸池三星在五車中天潢南魚鳥之所託也金犯守之兵起火守之有災也曰天五潢五潢五帝車舍索隱曰案元命包曰咸池主五穀其星五者各有所職咸池言



穀生於水含秀含實主秋垂故一名五帝車舍言以車載穀而販也。正義曰五車五星三柱九星在畢東北天子五兵車舍也西北大星曰天庫主太白秦也次東北星天獄主辰燕趙也次東曰天倉主歲衛魯也次東南曰司空主鎮楚也次西南曰卿主熒惑魏也占五車均明柱皆見則倉庫實不見其國絶食兵見起五車三柱有變各以其國占之三柱入出一月米貴三倍期二年出三月貴十倍一年柱出不與天倉相近軍出米貴轉粟千里柱例王尤其火入天下旱金入兵水入水也火入旱金兵水索隱曰謂火金水入五潢則各致此災也宋均云不言木土者木土德星於此不爲害也水中有三柱柱不具兵起奎曰封豕爲溝瀆正義曰奎若圭反十六星婁三星爲降婁於辰在戌魯之分野奎天之府庫一曰天豕亦曰封豕主溝瀆西南大星所謂天豕目占以明爲吉星不欲團圓團圓則兵起暗則臣干命之咎亦不欲開闔無常當有白衣稱命於山谷者五星犯奎臣主共德權臣擅命不可禁者王者宗祀不潔則奎動搖若跋跋有光則近臣謀上之應亦庶人饑饉之厄太白守奎胡貊之憂可以伐之熒惑星守之則有水之憂連以三年塡

軫為車，主風。其旁有一小星，曰長沙，星星不欲明；明與四星等，若五星入軫中，兵大起。軫南眾星曰天庫樓；庫有五車。車星角若益眾，及不具，無處車馬。

西宮咸池，曰天五潢。五潢，五帝車舍。



火入，旱；金，兵；水，水。中有三柱；柱不具，兵起。

奎曰封豕，為溝瀆。

星歲星守之中國之利外國不利可以興師動衆斬斷無道婁爲聚衆正義曰婁三星爲苑牧養
犧牲以共郊祀亦曰聚衆占動搖則衆兵聚金火守之國死兵起也胃爲天倉正義曰胃三星昴七
星畢八星爲大梁於辰在酉趙之分野謂主倉廩五穀之府也占明則天下和平五穀豐稔不然反是也其南
衆星曰廥積如淳曰芻藁積爲廥也。正義曰芻藁六星在天苑西主積藁草者不見則牛馬暴
死火守災起也昴曰髦頭正義曰昴一星爲髦頭胡星亦爲獄事明天下獄訟平暗爲刑罰濫六星
明與大星等大水且至其兵大起搖動若跳躍者胡兵大起一星不見皆兵之憂也胡星也爲白
衣會畢曰罕車正義曰畢八星曰罕車爲邊兵主弋獵其大星曰天高一曰邊將四夷之
尉也星明大天下安遠夷入貢失色邊亂畢動兵起月宿則多雨毛萇云畢所謂掩兔也爲邊兵索隱
曰爾雅云濁謂之畢孫炎爲掩兔之畢或呼爲濁因以名星主弋獵其大星旁小
星爲附耳正義曰附耳一星屬畢大星之下次天高東南隅主爲人主聽得失伺僣過星明則中國



微邊寇警移動則讒佞行入畢國起兵附耳搖動有讒亂臣在側昴
畢間爲天街索隱曰元命包云畢爲天階爾雅云大梁昴孫炎云畢昴之間日月五星出入要道
若津梁。正義曰天街二星在畢昴間主國界也街南爲華夏之國街北爲夷狄之國土金守胡兵入也其陰
陰國陽陽國孟康曰陰西南坤維河山已北國陽河山已南國參爲白虎正義
曰觜三星參三星外四星爲實沈於辰在申魏之分野爲白虎形也三星直是也爲衡
石孟康曰參三星者白虎宿中西直似稱衡下有三星兌曰罰孟康曰在參間上小
下大故曰銳晉灼曰三星少斜列無銳形爲斬艾事正義曰罰亦作伐春秋運斗樞云參伐事主斬
艾也其外四星左右肩股也小三星隅置曰觜觿
爲虎首主葆旅事如淳曰關中俗謂桑楡孼生爲葆晉灼曰葆菜也野生曰旅今之飢
民采旅生也。索隱曰姚氏案宋均云葆守也旅猶軍旅也言佐參伐以斬除凶也。正義曰觜觿子思反觿胡規反

[illegible]

婁為聚眾。正義曰[illegible]

胃為天倉。正義曰[illegible]其南眾星曰廥積。[illegible]

昴曰髦頭。正義曰昴七星為髦頭胡星亦為獄事明天下獄訟平暗為刑罰濫六星明與大星等大水且至其兵大起搖動若跳躍者胡兵大起一星不見[illegible]胡星也為白衣會。

畢曰罕車。正義曰畢八星曰罕車[illegible]其大星曰天高一曰邊將主四夷之尉也星明大天下安遠夷入貢失色邊亂[illegible]為邊兵[illegible]主弋獵。其大星旁小星為附耳。正義曰附耳一星[illegible]



附耳搖動有讒亂臣在側。

昴畢間為天街。集解孫炎曰昴畢之間日月五星出入要道若津梁○正義曰天街二星在畢昴間主國界也街南為華夏之國街北為夷狄之國土金守胡兵入也

其陰陰國陽陽國。正義曰陰西南象坤維河山已北國也陽河山已南國也

參為白虎。正義曰觜三星參三星外四星為實沈於辰在申魏之分野為白虎形也三星直者是為衡石。[illegible]

下有三星兌曰罰為斬艾事。[illegible]

其外四星左右肩股也小三星隅置曰觜觿為虎首主葆旅事。集解晉灼曰葆菜也野生曰旅今之飢民採旅生[illegible]

葆音保觜觿爲虎首主收斂葆旅事也葆旅野生之可食也占金木來守國易正災起也其南有四星曰天廁正義曰天廁四星在屏主溷也占色黃吉青與白皆凶不見則人寢疾一廁下一星曰天矢正義曰天矢一星在廁南占與天廁同也矢黃則吉青白黑凶其西有句曲正義曰句音鉤九星三處羅一曰天旗正義曰參旗九星在參西天旗也指麾遠近以從命者王者斬伐當理則天旗曲直順理不然則兵動於外可以憂之若明而稀則邊寇動不然則不二曰天苑正義曰天苑十六星如環狀在畢南天子養禽獸益稀暗則多死也三曰九游徐廣曰音流。正義曰九游九星在玉井西南天子之兵旗所以導軍進退亦領州列邦並不欲搖動搖動則九州分散人又失業信命一不通於中國憂以金火守之亂起也其東有大星曰狼正義曰狼一星參東南狼爲野將主侵掠占非其處則人相食色黃白而明吉赤角兵起金木火守亦如之狼角變色多盜賊下有四星曰弧



正義曰弧九星在狼東南天之弓也以伐叛懷遠又主備賊盜之知姦邪者弧矢向狼動移多盜明大變色亦如之矢不直狼又多盜引滿則天下盡兵也直狼狼比地有大星晉灼曰比地近地也曰南極老人正義曰老人一星在弧南一曰南極爲人主之壽命延長之應常以秋分之曙見於景春分之夕見於丁見國長命故謂之壽昌天下安寧不見人主憂也老人見治安不見兵起常以秋分時候之于南郊附耳入畢中兵起北宮玄武正義曰南斗六星牽牛六星並北宮玄武之宿虛危索隱曰文耀鉤云北宮黑帝其精玄武爾雅云玄枵虛也又云北陸虛也解者以陸爲道孫炎曰陸中也北方之宿中也。正義曰虛二星危三星爲玄枵於辰在子齊之分野虛主死喪哭泣事又爲邑居廟堂祭祀禱祝之事亦天之冢宰主平理天下覆藏萬物占動則有死喪哭泣之應火守則天子將兵水守則人饑饉金守臣下兵起危爲宗廟祀事主天市架屋占動則有土功火守天下兵水守下謀上也危爲蓋屋索隱曰宋均云危上一星高旁兩星

隋下似乎蓋屋也。正義曰蓋屋二星在危南主天子所居宮室之官也占金火守入國兵起孛彗尤甚危爲架屋自有星恐文誤也**虛爲哭泣之事**索隱曰姚氏案荆州占以爲其宿二星南星主哭泣虛中六星不欲明明則有大喪也**其南有衆星曰羽林天軍**正義曰羽林三十五星三三而聚散在壘壁南天軍也亦天宿衞主兵革出不見則天下亂金火水入軍起也**軍西爲壘**正義曰壘壁陳十二星橫列在營室南天軍之垣壘占之非故兵起將軍死也**或曰鉞旁有一大星爲北落北落若微亡軍星動角益希及五星犯北落**正義曰北落師門一星在羽林西南天軍之門也長安城北落門以象此也主非常以候兵占明則軍安微弱則兵起金火守有兵爲虜犯塞土水則吉**入軍軍起火金水尤甚火軍憂水患木土軍吉**漢書音義曰木星土星入北落則吉也**危東六星兩兩相比曰司空**正義曰比音鼻比近也危東兩兩相比者是司命等星也司空唯一星耳又不在危東恐命字誤爲空也司命二星在虛北主喪送司祿二星在司命北主官司危二星在司祿北主危亡司非二星在危北主愆過皆眞司之職占大爲君憂常則吉也**營室**索隱曰元命包云營室十星埏陶精類始立紀綱包物爲室又爾雅云營室謂之定郭璞云定正也天下作宮室皆以營室中爲正也**爲淸廟曰離宮閣道**索隱曰荆州占云閣道王良旗也有六星**漢中四星曰天駟**索隱曰元命包云漢中四星曰騎一曰天駟也**旁一星曰王良**索隱曰春秋合誠圖云王良主天馬也。正義曰王良五星在奎北河中天子奉御官也其動策馬則兵騎滿野客星守之津橋不通金火守入皆兵之憂**王良策馬**正義曰策一星在王良前主天子僕也占以動搖移在王良前或居馬後別爲策馬策馬而兵動也按豫章周騰字叔達南昌人爲侍御史桓帝當南郊平明應出騰仰觀曰夫王者象星今宮中星及策馬星悉不動上明日必不出至四更皇太子卒遂止也**車騎滿野旁有八星絕漢曰天潢**索隱曰元命包曰潢主河渠所

虛為哭泣之事。[illegible] 其南有眾星，曰羽林天軍。[illegible] 軍西為壘，[illegible] 或曰鉞。[illegible] 旁有一大星為北落。[illegible] 北落若微亡，軍星動角益希，[illegible] 及五星犯北落，入軍，軍起。[illegible] 火、金、水尤甚：火，軍憂；水，水患；木、土，軍吉。[illegible] 危東六星，兩兩相比，曰司空。[illegible] 營室為清廟，曰離宮、閣道。[illegible] 漢中四星，曰天駟。[illegible] 旁一星，曰王良。[illegible] 王良策馬，車騎滿野。[illegible] 旁有八星，絕漢，曰天潢。[illegible]

以度神通四方宋均云天潢天津也津湊也主計度也天潢旁江星正義曰天江四星在尾北主太陰也不欲明明而動水暴出其星明大水不禁也江星動人涉水杵臼四星在危南正義曰杵臼三星在丈人星旁主軍糧占正下直臼吉與臼不相當軍糧絕也臼星在南主春其占覆則歲大饑仰則大熟也匏瓜索隱曰荊州占云匏瓜一名天雞在河鼓東匏瓜明則歲大熟也。正義曰匏音白包反匏瓜五星在離珠北天子果園占明大光潤歲熟不則包果之實不登客守魚鹽貴也有青黑星守之魚鹽貴南斗正義曰南斗六星在南也爲廟其北建星正義曰建六星在斗北臨黃道天之都關也斗建之間七耀之道亦主旗輅占動搖則人勞不然則不月暈蛟龍見牛馬疫月五星犯守大臣相謀爲關梁不通及大水也建星者旗也牽牛正義曰牽牛爲犧牲亦爲關梁其北二星一曰即路一曰聚火又上一星主道路關梁通不明不通天下牛疫死移入漢中天下乃亂也爲犧牲其北河鼓索隱曰爾雅云河鼓謂之牽牛



孫炎云河鼓之旗十二星在牽牛北故或名河鼓爲牽牛也。正義曰河鼓三星在牽牛北主軍鼓蓋天子三將軍中央大星大將軍其南左星左將軍其北右星右將軍所以備關梁而拒難也占明大光潤將軍吉動搖差戾亂兵起直將有功曲則將失計也自昔傳牽牛織女七月七日相見此星也河鼓大星上將左右左右將婺女索隱曰爾雅云須女謂之務女或作婺字。正義曰須女四星亦婺女天少府也南斗牽牛須女皆爲星紀於辰在丑越之分野而斗牛爲吳之分野也須女賤妾之稱婦職之卑者主布帛裁製嫁娶占水守之萬物不成火守布帛貴人多死土守有女喪金守兵起也其北織女正義曰織女三星在河北天紀東天女也主果蓏絲帛珍寶占王者至孝於神明則三星俱明不然則暗而微天下女工廢明則理大星怒而角布帛涌貴不見則兵起晉書天文志云晉太史令陳卓總甘石巫咸三家所著星圖大凡二百八十三宮一千四百六十四星以爲定紀今略其昭昭者以備天官云織女天女孫也徐廣曰孫一作名。索隱曰荊州占云織女一名天女天子女也察日月之行正義曰晉灼云

天潢旁江星正義曰天江四星在尾北主太陰也不欲明明而動水暴出其星明大水不禁也江星動人涉水杵臼四星在危南匏瓜[illegible]正義曰匏瓜五星在離珠北天子果園占明大光潤歲熟不則包果之實不登[illegible]有青黑星守之魚鹽貴南斗為廟[illegible]其北建星建星者旗也正義曰建六星在斗北臨黃道天之都關也[illegible]牽牛為犧牲[illegible]其北河鼓[illegible]



河鼓大星上將[illegible]左右左右將[illegible]婺女[illegible]其北織女[illegible]織女天女孫也[illegible]察日月之行[illegible]

太歲在四仲則歲行三宿太歲四孟四季則歲行二宿二八十六三四十二而行二十八宿十二歲而周天以揆歲星順逆索隱曰姚氏案天官占云歲星一曰應星一曰經星一曰紀星物理論云歲行一次謂之歲星則十二歲而星一周天也。正義曰天官云歲星者東方木之精蒼帝之象也其色明而內黃天下安寧夫歲星欲春不動動則農發歲星盈縮所在之國不可伐可以罰人失次則民多病見則喜夫所居國人主有福不可以搖動人主怒無光仁道失歲星順行仁德加也歲星農官主五穀天文志云春日甲乙四時春也五常仁五事貌也人主仁虧貌失逆時令傷木氣則罰見歲星曰東方木主春日甲乙義失者罰出歲星歲星贏縮索隱曰案天文志曰凡五星早出爲贏贏爲客晚出爲縮縮爲主人五星贏縮必有天應見杓也以其舍命國正義曰舍所止宿也命名也所在國不可伐可以罰人其趨舍而前曰贏索隱曰趨音聚謂促也退舍曰縮贏其國有兵不復縮其國有憂將亡正義曰將音子匠反國傾敗其所在五星皆從而聚於一舍索隱曰漢高帝元年一五星皆聚于東井天文志云其年歲星在東井故四星從而聚也其下之國可以義致天下以攝提格歲索隱曰太歲在寅歲星正月晨出東方按爾雅歲在寅爲攝提格李巡云言萬物承陽起故曰攝提格格起也歲陰左行在寅歲星右轉居丑正月與斗牽牛晨出東方名曰監德索隱曰歲星在正月晨見東方之名已下皆出石氏星經文乃云星在斗牽牛失次應見於杓也漢書天文志則載甘氏及太初星曆所在之宿不同也色蒼蒼有光其失次有應見柳歲早水晚旱歲星出東行十二度百日而止反逆行逆行八度百日復東行歲行三十度十六分度之七率日行十二分度之一十二

太歲在四仲則歲行三宿太歲在四孟四季則歲行二宿二八十六三四十二而行二十八宿十二歲而周天

以揆歲星順逆。索隱曰姚氏案天官占云歲星一曰應星一曰經星一曰紀星物理論云歲行一次謂之歲星則十二歲而星一周天也。正義天官占云歲星者東方木之精蒼帝之象也其色明而內黃天下安寧夫歲星欲春不動動則農廢歲星盈縮所在之國不可伐可以罰人失次則天[illegible]見則喜夫人所名國人主有福不可[illegible]

[illegible]春日甲乙四時春也五常仁也五事貌也[illegible]

曰東方木，主春，日甲乙。[illegible]

義失者，罰出歲星。[illegible]

歲星贏縮，以其舍命國。[illegible]

所在國不可伐，可以罰人。[illegible]

其趨舍而前曰贏，退舍曰縮。[illegible]

贏，其國有兵不復；縮，其國有憂，將亡，國傾敗。[illegible]

其所在，五星皆從而聚於一舍，其下之國可以義致天下。[illegible]

以攝提格歲：歲陰左行在寅，歲星右轉居丑。[illegible]

正月，與斗、牽牛晨出東方，名曰監德。[illegible]

色蒼蒼有光。其失次，有應見柳。[illegible]

歲早，水；晚，旱。歲星出，東行十二度，百日而止，反逆行；逆行八度，百日，復東行。歲行三十度十六分度之七，率日行十二分度之一，十二歲而周天出常東方以晨入於西方用昏單閼歲索隱曰在卯也歲星二月晨出東方爾雅云卯爲單閼李巡云陽氣推萬物而起故曰單閼單盡也閼止也歲陰在卯星居子以二月與婺女虛危晨出曰降入索隱曰即歲星二月晨見東方之名其餘准此大有光其失次有應見張名曰降入其歲大水執徐歲索隱曰爾雅辰爲執徐李巡云伏蟄之物皆振舒而出故曰執徐執蟄也徐舒也歲陰在辰星居亥以三月居與營室東壁晨出曰青章青青甚章其失次有應見軫曰青章歲早旱晚水大荒駱歲索隱曰爾雅云在巳爲大荒駱姚氏云言萬物皆熾盛而大出霍然落落故曰荒駱也歲陰在巳星居戌以四月與奎婁胃昴晨出曰跰踵徐廣曰一曰路嶂。索隱曰天文志作路嶂字詁云嶂今作踵也。正義曰跰白邊反踵之勇反能能熊赤色有光其失次有應見亢敦牂歲索隱曰爾雅云在午爲敦牂孫炎云敦盛也牂壯也言萬物盛壯韋昭云敦音頓歲陰在午星居酉以五月與胃昴畢晨出曰開明徐廣曰一曰天津。索隱曰天文志作啓明炎炎有光正義曰炎鹽驗反偃兵唯利公王不利治兵其失次有應見房歲早旱晚水叶洽歲索隱曰爾雅云在未爲叶洽李巡云陽氣欲化萬物故曰協洽協和也洽合也歲陰在未星居申以六月與觜觿正義曰觜子斯反觿胡規反參晨出曰長列昭昭有光利行兵其其失次有應見箕涒灘歲索隱曰爾雅云在申爲涒灘李巡云涒灘物吐秀傾垂之貌涒他昆反灘他丹反歲陰在申星居未以七月與東井輿鬼晨出曰大音昭昭白其失次有應見牽牛作鄂歲（索隱曰爾雅在酉爲作鄂李巡云作鄂皆物芒枝起之貌鄂音愕今案下文云作鄂有芒則李巡解亦近天文志作詻音五格反與史記及爾雅並異也）歲陰在酉星居午以八月與柳七星張晨出曰爲長王作作有芒國其昌熟穀其失次有應見危曰大章有旱而昌有女喪民疾閹茂歲（索隱曰爾雅云在戌曰閹茂孫炎云萬物皆蔽冒故曰閹茂閹蔽也茂冒也天文志作掩茂）歲陰在戌星居巳以九月與翼軫晨出曰天睢（索隱曰劉氏音吁唯反）白色大明其失次有應見東壁歲水女喪大淵獻歲（索隱曰爾雅云在亥爲大淵獻孫炎云淵深也大獻萬物於深謂蓋藏之於外也）歲陰在亥星居辰以十月與角亢



晨出曰大章（徐廣曰一曰大星。索隱曰天文志亦作大星）蒼蒼然星若躍而陰出旦是謂正平起師旅其率必武其國有德將有四海其失次有應見婁困敦歲（索隱曰爾雅在子爲困敦孫炎云困敦混沌也言萬物初萌混沌於黃泉之下也）歲陰在子星居卯以十一月與氐房心晨出曰天泉玄色甚明江池其昌不利起兵其失次有應見昴赤奮若歲（索隱曰爾雅云在丑爲赤奮若李巡云言陽氣奮迅若順也）歲陰在丑星居寅以十二月與尾箕晨出曰天皓（索隱曰皓音昊天漢志亦作昊）黫然黑色甚明（索隱曰黫音烏閑反）其失次有應見參當居不居居之又左右搖未當去去之與他星會其國

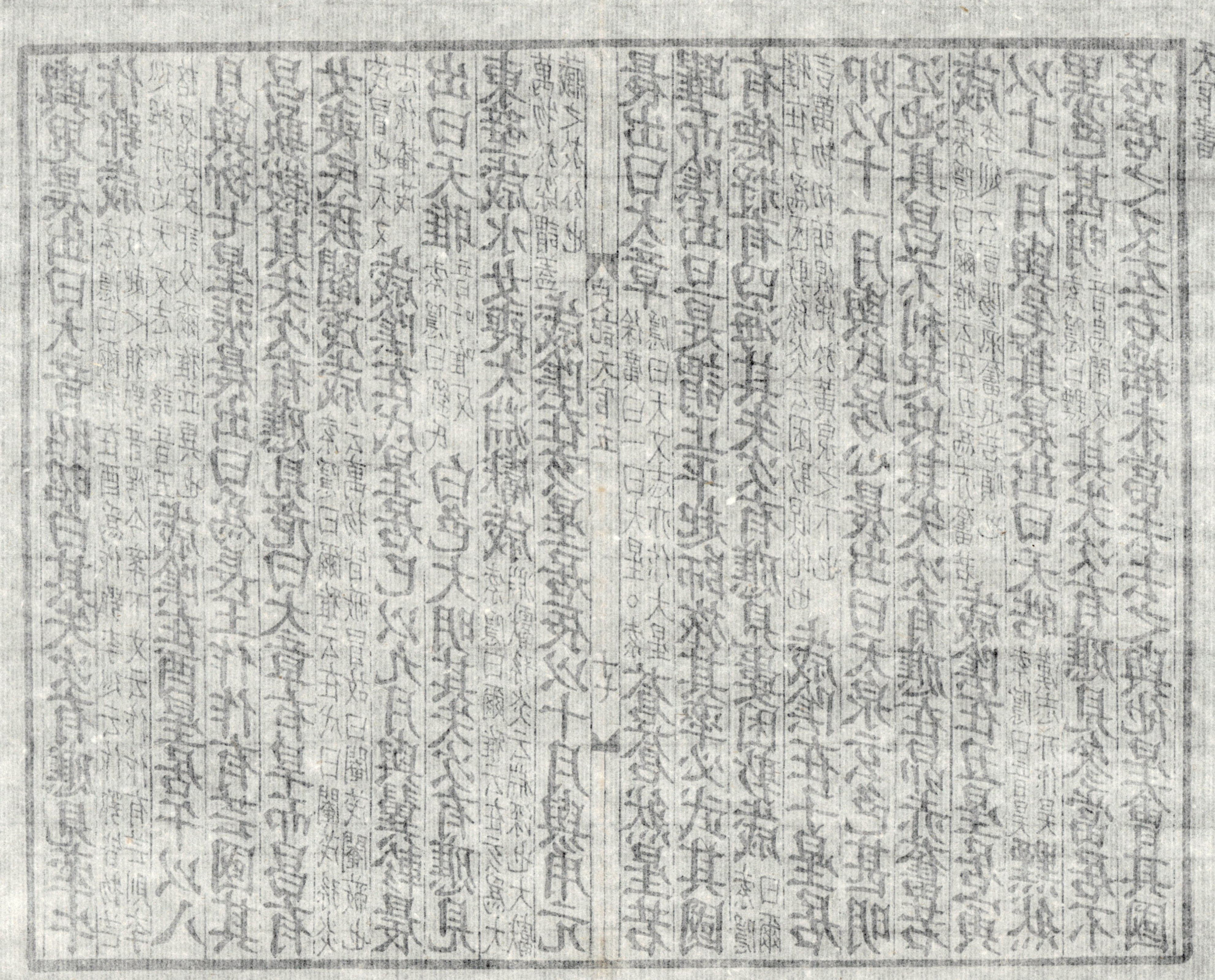

凶所居久國有德厚其角動乍小乍大若色數變人主有憂其失次舍以下進而東北三月生天棓正義曰棓音蒲講反歲星之精散而為天槍天棓天衝天猾國皇天欃及登天荊眞若天猨天垣蒼彗皆以應凶災也天棓者一名覺星本類星末銳長四丈出東北方西方其出則天下兵爭也長四尺索隱曰天文志此皆甘氏星經文而志又兼載石氏此皆不取石氏名申夫甘氏名德末兌進而東南三月生彗星正義曰天彗者一名掃星本類星末類彗小者數寸長長或竟天而體無光假日之光故夕見則東指晨見則西指若日南北皆隨日光而指光芒所及為災變見則兵起除舊布新彗所指之亂弱也長二丈類彗星退而西北三月生天欃韋昭曰欃音參差之參○正義曰欃楚咸反天欃者在西南長四丈銳京房云天欃為兵赤地千里枯骨籍籍天文志云天槍主兵亂也長四丈末兌退而西南三月生天槍正義曰槍楚行反天槍者長數丈兩頭銳出西南方其見不過三月必有破國亂君伏死其辜天文志云孝文時天槍夕出西南占曰為兵喪亂其六年十一月匈奴入上郡雲中漢起兵以衛京師也長數丈兩頭兌謹視其所見之國不可舉事用兵其出如浮如沈其國有土功如沈如浮其野亡色赤而有角其所居國昌迎徐廣曰一作御角而戰者不勝星色赤黃而沈所居野大穰正義曰穰人羊反豐熟也色青白而赤灰所居野有憂歲星入月其野有逐相與太白鬭韋昭曰星相擊為鬭其野有破軍歲星一曰攝提曰重華曰應星曰紀星營室為清廟歲星廟也察剛徐廣曰一作罰氣以處熒惑索隱曰案姚氏引廣雅熒惑謂之執法天官占之熒惑方伯象

國有德厚其角動乍小乍大若色數變人主有憂其失次舍以下進而東北三月生天棓長四丈末兌進而東南三月生彗星長二丈類彗退而西北三月生天欃長四丈末兌退而西南三月生天槍長數丈兩頭兌謹視其所見之國不可舉事用兵其出如浮如沈其國有土功如沈如浮其野亡色赤而有角其所居國昌迎角而戰者不勝星色赤黃而沈所居野大穰色青白而赤灰所居野有憂歲星入月其野有逐相與太白鬬其野有破軍歲星一曰攝提曰重華曰應星曰紀星營室為清廟歲星廟也

司察妖孽則徐云察罰氣爲是春秋緯文耀鉤云赤帝熛怒之神爲熒惑位在南方禮失則罰出晉灼云常以十月入太微受制而出行列宿司無道出入無常也曰南方火主夏日丙丁禮失罰出熒惑熒惑失行是也出則有兵入則兵散以其舍命國熒惑爲勃亂殘賊疾喪饑兵徐廣曰以下云熒惑爲理外則理兵內則理政○正義曰天官占云熒惑爲執法之星其行無常以其舍命國爲殘賊爲疾爲喪爲饑爲兵環繞勾已芒角動搖乍前乍後其殃逾甚熒惑主死喪大鴻臚之象主甲兵大司馬之義伺驕奢亂孽執法官也其精爲風伯惑童兒歌謠嬉戲也反道二舍以上居之三月有殃五月受兵七月半亡地九月太半亡地因與俱出入國絕祀居之殃還至雖大當小索隱曰案還音旋旋疾也若熒惑反道居其舍所致殃禍速疾則雖大反小久而至當小反大索隱曰久謂行遲也如此禍小反大言久腊毒也其南爲丈夫北爲女子喪索隱曰宋均云熒惑守輿鬼南爲丈夫受其咎北則女子受其凶也若角動繞環之及乍前乍後左右殃益大與他星鬬正義曰凡五星鬬皆爲戰鬬兵不在外則爲內亂鬬謂光芒相及光相逮爲害不相逮不害五星皆從而聚于一舍正義曰三星若合是謂驚立絕行其國外內有兵與喪人民饑乏改立侯王四星若合是爲太陽其國兵喪暴起君子憂小人流五星若合是謂易行有德者受慶掩有四方無德者受殃乃以滅亡也其下國可以禮致天下法出東行十六舍而止逆行二舍六旬復東行自所止數十舍十月而入西方伏晉灼曰伏不見行五月出東方其出西方曰反明主命者惡之東行急一日行一度

半其行東西南北疾也兵各聚其下用戰順之
勝逆之敗熒惑從太白軍憂離之軍却出太白
陰有分軍行其陽有偏將戰當其行太白逮之
破軍殺將索隱曰宋均云太白宿主軍來衝拒也其入守犯太微孟康
曰犯七寸已內光芒相及也韋昭曰自下觸之曰犯居其宿曰守軒轅營室主命惡
之心爲明堂熒惑廟也謹候此曆斗之會以定
填星之位索隱曰晉灼曰常以甲辰之元始建斗歲鎮一宿二十八歲而周天廣雅曰填星一名地曰中央土主季夏日戊
侯文耀鉤曰鎮黃帝含樞紐之精其體旋璣中宿之分也己黃帝主德女主象也歲填一宿其所居國吉
未當居而居若已去而復還還居之其國得土



不乃得女若當居而不居既已居之又西東去
其國失土不乃失女不可舉事用兵其居久其
國福厚易福薄徐廣曰易猶輕速也其一名曰地侯主歲
歲行十二度百十二分度之五日行二十八分
度之一二十八歲周天其所居五星皆從而聚
于一舍其下之國可重正義曰重音逐隴反言五星皆從填星其下之國倚重而
致天下以填主木土故也致天下禮德義殺刑盡失而填星乃
爲之動搖贏縮爲王不寧其縮有軍不復填星其
色黃光芒音曰黃鐘宮其失次上二三宿曰贏
有主命不成不乃大水失次下二三宿曰縮有

后戚其歲不復不乃天裂若地動斗爲文太室
塡星廟天子之星也木星與土合爲內亂饑正義
曰星經云凡五星木與土合爲內亂饑與水合爲變謀更事與火合爲旱與金合爲白衣會也主勿用
戰敗水則變謀而更事火爲旱金爲白衣會若
水金在南牝牡索隱曰晉灼曰歲陽也太白陰也故曰牝牡。正義曰星經云金在南木
在北名曰牝牡年穀大孰金在北木在南其年或有或無年穀熟金在北歲偏無
火與水合爲焠晉灼曰火入水故曰焠。索隱曰案謂火與水俱從塡星合也。正義曰焠忽
內反星經凡五星火與水合爲焠用兵與金合爲鑠爲喪不可舉事用兵從軍爲憂離之軍却與土合爲
憂主孼卿與木合飢戰敗也與金合爲鑠爲喪皆不可舉事用
兵大敗土爲憂主孼卿索隱曰文耀鉤云水土合則成鑪冶鑪冶成則火與火與



則土之子焠金成銷鑠金鑠則土無子無子輔父則益妖孽故子憂也大饑戰敗爲北
軍正義曰爲北軍北也凡軍敗曰北軍困舉事大敗土與水合穰
而擁閼正義曰擁於拱反閼烏葛反有覆軍徐廣曰或云木火土三星若合是謂驚位
絕行其國不可舉事出亡地入得地金爲疾爲內
兵亡地三星若合其宿地國外內有兵與喪改
立公王四星合兵喪並起君子憂小人流五星
合是謂易行有德受慶改立大人掩有四方子
孫蕃昌無德受殃若亡五星皆大其事亦大皆
小事亦小蚤出者爲羸羸者爲客晚出者爲
縮縮者爲主人必有天應見於杓星同舍爲合

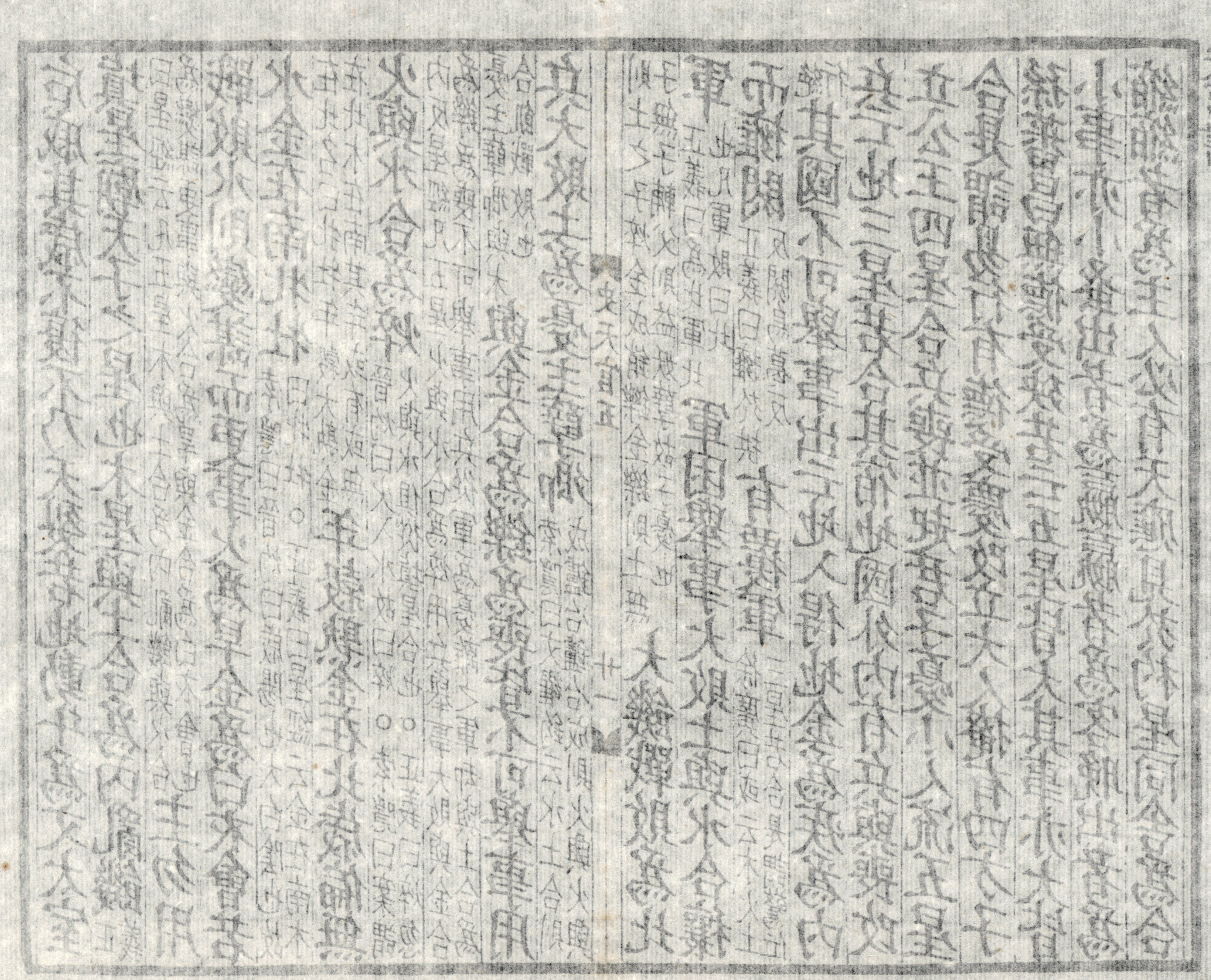

后戚，其歲不復，不乃天裂若地動。斗為文太室，填星廟，天子之星也。木星與土合，為內亂，饑，主勿用 [illegible] 戰，敗；水則變謀而更事；火為旱；金為白衣會若水。金在南曰牝牡 [illegible] 年穀熟；金在北，歲偏無 [illegible] 火與水合為焠 [illegible] 與金合為鑠，為喪，皆不可舉事，用兵大敗。土為憂，主孽卿 [illegible] 大饑，戰敗，為北軍 [illegible] 軍困，舉事大敗。土與水合，穰而擁閼 [illegible] 有覆軍 [illegible] 其國不可舉事。出，亡地；入，得地。金為疾，為內兵，亡地。三星若合，其宿地國外內有兵與喪，改立公王。四星合，兵喪並起，君子憂，小人流。五星合，是為易行，有德，受慶，改立大人，掩有四方，子孫蕃昌；無德，受殃若亡。五星皆大，其事亦大；皆小，事亦小。蚤出者為贏，贏者為客；晚出者為縮，縮者為主人，必有天應見於杓星。同舍為合

相淩爲鬬（孟康曰淩相冒占過也韋昭曰突掩爲淩）七寸以內必之矣（索隱曰韋昭云必有禍也）五星色白圜爲喪旱赤圜則中不平爲兵青圜爲憂水黑圜爲疾多死黃圜則吉赤角犯我城黃角地之爭白角哭泣之聲青角有兵憂黑角則水意（徐廣曰一作志）行窮兵之所終五星同色天下偃兵百姓寧昌春風秋雨冬寒夏暑動搖常以此填星出百二十日而逆西行西行百二十日反東行見三百三十日而入入三十日復出東方太歲在甲寅鎮星在東壁故在營室察日行以處位太白（索隱曰太白辰出東方曰啓明故察日行以處太白之位）





（韓詩云太白晨出東方爲啓明昏見西方爲長庚又孫炎註爾雅亦以爲晨出東方高三丈命曰啓明昏見西方高三舍命曰太白。正義曰晉灼云常以正月甲寅與熒惑晨出東方二百四十日而入又出西方二百四十日而入入三十五日而復出東方出以寅戌入以丑未天官占云太白者西方金之精白帝之子上公大將軍之象也一名殷星一名大正一名熒星一名官星一名梁星一名滅星一名大囂一名大衰一名大爽徑一百里天文志云其日庚辛四時秋也五常義也五事言也人主義虧言失逆時令傷金氣罰見太白春見東方以晨秋見西方以夕）西方秋司兵月行及天矢（正義曰太白五芒出早爲月蝕晚爲天矢及彗其精散爲天杵天柎伏靈大敗司姦天狗賊星天殘卒起星是古曆星若竹彗牆星猿星白彗皆以示變也）日庚辛主殺殺失者罰出太白太白失行以其舍命國其出行十八舍二百四十日而入入東方伏行十一舍百三十日其入西方伏行三舍十六

[illegible]白圜喪旱赤圜中不平為兵青圜為憂水黑圜為疾多死黃圜則吉赤角犯我城黃角地之爭白角哭泣之聲青角有兵憂黑角則水意[illegible]行窮兵之所終五星同色天下偃兵百姓寧昌春風秋雨冬寒夏暑動搖常以此填星出百二十日而逆西行西行百二十日反東行見三百三十日而入入三十日復出東方太歲在甲寅鎮星在東壁故在營室

察日行以處位太白[illegible]



西方秋司兵月行及天矢[illegible]日庚辛主殺殺失者罰出太白太白失行以其舍命國[illegible]其出行十八舍二百四十日而入入東方伏行十一舍百三十日其入西方伏行三舍十六

日而出，當出不出，當入不入，是謂失舍，不有破軍，必有國君之簒。其紀上元（正義曰其紀上元是星古曆初起上元之法也）以攝提格之歲，與營室晨出東方，至角而入；與營室夕出西方，至角而入；與角晨出，入畢；與角夕出，入畢；與畢晨出，入箕；與畢夕出，入箕；與箕晨出，入柳；與箕夕出，入柳；與柳晨出，入營室；與柳夕出，入營室。凡出入東西各五，為八歲二百二十日（徐廣曰一云三十二日），復與營室晨出東方。其大率，歲一周天（索隱曰案上元是古曆之名言用上元紀曆法則攝提歲而太白與營室晨出東方至角而入與營室夕出西方至角而入凡出入東西各五為八歲二百二十日復與營室晨出東方大率歲一周天也）。其始出東方，行遲，率日半度，一百二十日，必逆行一二舍；上極而反，東行，行日一度半，一百二十日入。其庳，近日，曰明星，柔；高，遠日，曰大囂（徐廣曰一作變），剛。其始出西（方），行疾，率日一度半，百二十日；上極而行遲，日半度，百二十日，旦入，必逆行一二舍而入。其庳，近日，曰大白，柔；高，遠日，曰大相，剛。出以辰、戌，入以丑、未。當出不出，未當入而入，天下偃兵，兵在外，入。未當出而出，當入而不入，下起兵，有破國。其當期出也，其國昌。其出東為東，入東為北方；出西為西，入西為南方。所居久，其鄉

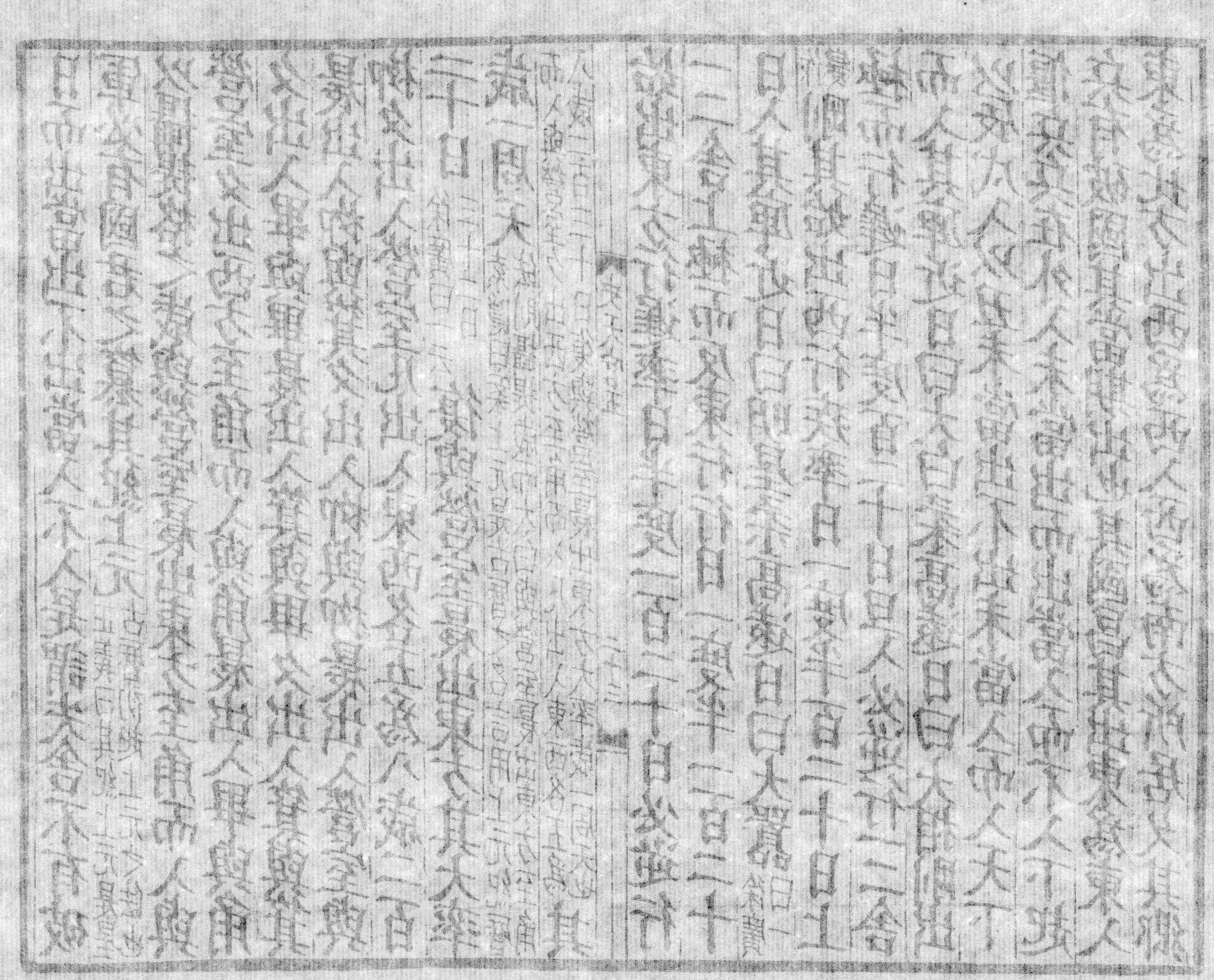

利疾蘇林曰疾過也其鄉凶出西逆行至東正西國吉
出東至西正東國吉其出不經天經天天下革
政索隱曰孟康曰謂出東入西出西入東也太白陰星出東當伏東出西當伏西過午爲經天又晉灼曰日陽也
日出則星沒太白晝見午上爲經天也小以角動兵起始出大後小
兵弱出小後大兵強出高用兵深吉淺凶庳淺
吉深凶日方南金居其南日方北金居其北曰
贏正義曰鄭玄云方猶向也謂晝漏半而置土圭表陰陽審其南北也影短於土圭謂之日南是地於日爲近南
也長於土圭謂之日北是地於日爲近北也凡日影於地千里而差一寸周禮云日南則影短多暑日北則影長多
寒孟康云會謂太白也影日中之影也侯王不寧用兵進吉退凶日
方南金居其北日方北金居其南曰縮侯王有



憂用兵退吉進凶用兵象太白太白行疾疾行
遲遲行角敢戰動搖躁躁國以靜靜順角所指
吉反之皆凶出則出兵入則入兵赤角有戰白
角有喪黑圜角憂有水事青圜小角憂有木
事黃圜和角有土事有年正義曰太白星圓天下和平若芒角有土事有
年謂豐熟也其已出三日而復有微入入三日乃復盛
出是謂耎晉灼曰耎退之不進索隱曰耎大音奴亂反其下國有軍敗將
北其已入三日又復微出出三日而復盛入其
下國有憂師有糧食兵革遺人用之正義曰遺唯季反卒
雖衆將爲人虜其出西失行外國敗其出東失

行中國敗其色大圜黃滜音澤可為好事其圜大赤兵盛不戰太白白比狼正義曰比卑耳反下同比類也晉書天文志云凡五星有色大小不同各依其行而應時節色變有類凡青比參左肩赤比心大星黃比參右肩白比狼星黑比奎大星不失本色而應其四時者吉色害其行凶也赤比心黃比參正義曰參色林反下同左肩蒼比參右肩黑比奎大星五星皆從太白而聚乎一舍其下之國可以兵從天下居實有得也正義曰晉書天文志云凡五星所出所直之辰其國為得位者歲星以德熒惑為禮鎮星有福太白兵強辰陰陽和所直之辰順其色而角者勝其色害者敗居實有得居虛無得也勝位勝色行得盡勝也居虛無得也索隱曰實謂星所合居之宿虛謂羸縮也行勝色晉灼曰太白行得度者勝色也正義曰勝音升剩反下同色勝位有位勝無位有色勝無色行得盡勝之晉灼曰行應天度唯有色得位行盡勝之行重而色位輕星經得字作德出而留桑榆間晉灼曰行遲而下也正出氣杀言平正出桑榆上者餘二千里疾其下國正義曰疾漢書作病也上而疾未盡其日過參天晉灼曰三分天過之其一此在戌酉之間疾其對國孟康曰謂出東入西出西入東上復下下復上有反將其入月將僇金木星合光其下戰不合兵雖起而不鬬合相毀野有破軍出西方昏而出陰陰兵彊暮食出小弱夜半出中弱雞鳴出大弱是謂陰陷於陽其在東方乘明而出陽陽兵之彊雞鳴出小弱夜半出中弱昏出大弱是謂陽陷於陰太白伏也以出兵兵有殃其出卯南

行中國敗其色大圜黃滜可爲好事其圜大
赤兵盛不戰太白白比狼 [illegible]
赤比心黃比參 [illegible]
左肩蒼比參右肩黑比奎大星五星皆從太白
而聚乎一舍其下之國可以兵從天下居實有
得也居虛無得也行勝色色勝位有位勝無
位有色勝無色行得盡勝之 [illegible]
出而留桑榆間疾其下國 [illegible]
上而疾未盡其日過參天疾其對國 [illegible]
上復下下復上有反將其入月將僇金木星合光其下戰不合兵雖起而不鬬合相毀野有破軍出西方昏而出陰陰兵彊暮食出小弱夜半出中弱雞鳴出大弱是謂陰陷於陽其在東方乘明而出陽陽兵之彊雞鳴出小弱夜半出中弱昏出大弱是謂陽陷於陰太白伏也以出兵兵有殃其出卯南南勝北方出卯北北勝南方正在卯東國利出酉

南勝北方出卯北北北勝南方正在卯東國利出酉北北勝南方出酉南南南勝北方正在酉西國勝其與列星相犯小戰五星大戰其相犯太白出其南南國敗出其北北國敗行疾武不行文色白五芒出蚤爲月蝕晚爲天矢及彗星將發其國出東爲德舉事左之迎之吉出西爲刑舉事右之背之吉反之皆凶太白光見景戰勝晝見而經天是謂爭明彊國弱小國彊女主昌亢爲疏廟太白廟也太白大臣也其號上公其他名殷星太正營星觀星宮星明星大衰大澤終



星大相天浩序星月緯大司馬位謹候此察日辰之會正義曰晉灼云常以二月春分見奎婁五月夏至見東井八月秋分見角亢十一月冬至見牽牛出以辰戌入以丑未二旬而入晨候之東方夕候之西方也以治辰星之位索隱曰即正四時以治辰星之位是也皇甫謐辰星一名毚星或曰鉤星元命包曰北方辰星水生物布其紀故辰星理四時宋均曰辰星正四時之法得與北辰同名也曰北方水太陰之精主冬冬日壬癸刑失者罰出辰星正義曰天官占云辰星北水之精黑帝之子宰相之祥也一名細極一名鈎星一名爨星一名伺祠徑一百里亦偏將廷尉象也天文志云其日壬癸四時冬冬也五常智也五事聽也人主智虧聽失逆時令傷水氣則罰見辰星也以其宿命國是正四時仲春春分夕出郊奎婁胃東五舍爲齊仲夏夏至夕出郊東井輿鬼柳東七舍爲楚仲秋秋分

卯南南勝北方出卯北北勝南方正在卯東國利出酉北北勝南方出酉南南勝北方正在酉西國勝其與列星相犯小戰五星大戰其相犯太白出其南南國敗出其北北國敗行疾武不行文色白五芒出蚤為月蝕晚為天夭及彗星將發其國出東為德舉事左之迎之吉出西為刑舉事右之背之吉反之皆凶太白光見景戰勝晝見而經天是謂爭明彊國弱小國彊女主昌亢為疏廟太白廟也太白大臣也其號上公其他名殷星太正營星觀星宮星明星大衰大澤終



星大相天浩序星月緯大司馬位謹候此察日辰之會[illegible]以治辰星之位[illegible]曰北方水太陰之精主冬日壬癸刑失者罰出辰星[illegible]以其宿命國是正四時仲春春分夕出郊奎婁胃東五舍為齊仲夏夏至夕出郊東井輿鬼柳東七舍為楚仲秋秋分

夕出郊角亢氐房東四舍為漢仲冬冬至晨出郊東方與尾箕斗牽牛俱西為中國其出入常以辰戌丑未其蚤為月蝕孟康曰辰星月相凌不見者則所蝕也○索隱曰宋均云星辰與月同精月為大臣先期而出是蹉也失則當誅故月蝕者所以為災祥也晚為彗星張晏曰彗所以除舊布新○索隱曰宋均云辰星陰也彗亦陰陰謀未成故晚出也及天夭其時宜效不效為失正義曰効見也言宜見不見為失罰之也追兵在外不戰一時不出其時不和四時不出天下大飢其當效而出也色白為旱黃為五穀熟赤為兵黑為水出東方大而白有兵於外解常在東方其赤中國勝其西而赤外國利無兵於外而赤兵



起其與太白俱出東方皆赤而角外國大敗中國勝其與太白俱出西方皆赤而角外國利五星分天之中積于東方中國利積于西方外國用者利五星皆從辰星而聚于一舍其所舍之國可以法致天下辰星不出太白為客其出太白為主出而與太白不相從野雖有軍不戰出東方太白出西方若出西方太白出東方為格野雖有兵不戰索隱曰謂辰星出西方辰水也太白出東方太白金也水生金母子不相從故上有軍不戰今毋子各出一方故為格格謂不和同故野雖有兵不戰也失其時而出為當寒反溫當溫反寒當出不出是謂繫卒兵大

起其入太白中而上出破軍殺將客軍勝下出客亡地辰星來抵太白太白不去將死正旗上出[正義曰旗星名有九星言辰星上則破軍殺將客勝也]破軍殺將客勝[索隱曰案旗蓋太白芒角似旌旗]下出客亡地視旗所指以命破軍其繞環太白若與鬬大戰客勝免過太白[索隱曰案廣雅云辰星謂之免星則辰星之別名免或作毚毚也]間可椷劒[蘇林曰椷音函函容也其間可容一劒○索隱曰案蘇所說則椷字本有函音故字從咸也○正義曰漢書云辰星過太白間太白可椷劒明廣雅是也]小戰客勝免居太白前軍罷出太白左小戰摩太白有數萬人戰主人吏死出太白右去三尺軍急約戰青角兵憂黑角水赤行窮兵之所終免七



命曰小正辰星天攙安周星細爽能星鉤星[索隱曰謂免星凡有七名命者名也小正一也辰星二也天免三也安周星四也細爽五也能星六也鉤星七也]其色黃而小出而易處天下之文變而不善矣免五色青圜憂白圜喪赤圜中不平黑圜吉赤角犯我城黃角地之爭白角號泣之聲其出東方行四舍四十八日其數二十日而反入于東方其出西方行四舍四十八日其數二十日而反入于西方其一候之營室角畢箕柳出房心間地動辰星之色春青黃夏赤白秋青白而歲熟冬黃而不明即變其色其時不昌春不見大風

秋則不實夏不見有六十日之旱月蝕秋不見有兵春則不生冬不見陰雨六十日有流邑夏則不長角亢氐兗州房心豫州尾箕幽州斗江湖牽牛婺女楊州虛危青州營室至東壁并州奎婁胃徐州昴畢冀州觜觿參益州正義曰括地志云漢武帝置十三州改梁州為益州廣漢廣漢今益州咎縣是也分今河内上黨雲中然按星經益州魏地畢觜參之分今河内上黨雲中是未詳也東井輿鬼雍州柳七星張三河翼軫荆州七星為員官辰星廟蠻夷星也兩軍相當日暈如淳曰暈讀曰運暈等力鈞厚長大有勝薄短小無勝重抱大破無抱為和背不和為分離



相去直為自立立侯王指暈若曰殺將負且戴有喜圍在中中勝在外外勝青外赤中以和相去赤外青中以惡相去氣暈先至而後去居軍勝先至先去前利後病後至後去前病後利後至先去前後皆病居暈不勝見而去其發疾雖勝無功見半日以上功大白虹屈短李奇曰屈或為尾也韋昭曰短而直上下兊有者下大流血日暈制勝近期三十日遠期六十日其食食所不利復生生所利而食益盡為主位以其直及日所宿加以日時用命其國也月行中道安寧和平陰間多水陰事

秋則不實夏不見六十日之旱月蝕秋不見有兵春則不生冬不見陰雨六十日有流邑夏則不長角亢氐兗州房心豫州尾箕幽州斗江湖牽牛婺女揚州虛危青州營室至東壁并州奎婁胃徐州昴畢冀州觜觿參益州[illegible]東井輿鬼雍州柳七星張三河翼軫荊州七星為員官辰星廟蠻夷星也兩軍相當日暈[illegible]暈等力鈞厚長大有勝薄短小無勝重抱大破無抱為和背不和為分離相去直為自立立侯王指暈若曰殺將負且戴有喜圍在中中勝在外外勝青外赤中以和相去赤外青中以惡相去氣暈先至而後去居軍勝先至先去前利後病後至後去前病後利後至先去前後皆病居軍不勝見而去其發疾雖勝無功見半日以上功大白虹屈短上下兌[illegible]有者下大流血日暈制勝近期三十日遠期六十日其食食所不利復生生所利而食益盡為主位以其直及日所宿加以日時用命其國也月行中道安寧和平陰間多水陰事

外北三尺陰星北三尺索隱曰案中道房室星之中間也房有四星若人之房三間有四表然故曰房南爲陽間北爲陰間則中道房星之中間也故房是日月五星之常行道然黃道亦經房星若月行得中道故陰陽和平若行陰間多陰事陽間則人主驕恣若歷陰星陽星之南北太陰太陽之道則有大水若兵及大旱若喪也太陽亦在陽間之南各三尺也太陰大水兵陽間驕恣陽星多暴獄太陽大旱喪也索隱曰太陰太陽皆道也月行近之故有水旱兵喪也角天門十月爲四月十一月爲五月索隱曰謂月行入角與天門若十月犯之當爲來年四月成灾十一月則主五月也十二月爲六月水發近三尺遠五尺犯四輔輔臣誅索隱曰案謂月犯房星也四輔房四星也房以輔心故曰四輔也行南北河以陰陽言正義曰南河三星北河二星若月行北河以陰則南河以陽則水旱兵喪也旱水兵喪月蝕歲星正義曰孟康云凡星入月見月中爲星蝕月月掩星星滅爲月蝕星也其宿地饑若亡熒惑也亂塡星也下犯上太白也彊國以戰敗辰星也女亂食大角徐廣曰一云食于大角。正義曰大角一星在兩攝提間人君之象也主命者惡之心則爲內賊亂也列星其宿地憂索隱曰謂月蝕列星二十八宿當其分地有憂憂謂兵及喪也月食始日五月者六六月者五五月復六六月者一而五五月者凡五百一十三月而復始索隱曰始日謂蒼始起之日也依此文計唯有一百二十一月與元數甚爲懸校既無太初曆術不可得而推定今以漢志統曆法計則五月者七六月者一又五月者一六月者五五月者一凡一百三十五月而復始耳或術家各異或傳寫錯謬故此不同無以明知也故月蝕常晉灼也日蝕爲不臧也甲乙四海之外日月不占

曰海外遠甲乙日時不以占候丙丁江淮海岱也戊己中州河濟也庚辛華山以西壬癸恒山以北日蝕國君月蝕將相當之國皇星正義曰皇星者大而赤類南極老人去地三丈如炬火見則內外有兵喪之難大而赤孟康曰歲星之精散所爲也五星之精散爲六十四變記不盡狀類南極徐廣曰老人星也所出其下起兵兵彊其衝不利昭明星索隱曰案春秋合誠圖云赤帝之精象如太白七芒釋名爲筆星氣有一枝末銳似筆亦曰日華星也大而白無角乍上乍下孟康曰形如三足机机上有九彗上向熒惑之精所出國起兵多變五殘星索隱曰孟康云星表有青氣暈有毛填星之精也。正義曰五殘一名五鋒出正東東方之分野狀類辰星去地可六七丈見則五穀毀敗之徵大臣誅亡之象出正東東方之野



其星狀類辰星去地可六丈大徐廣曰大一作六賊星孟康曰形如彗九尺太白之精。正義曰天賊星者一名六賊出正南南方之野星去地可六丈大而赤數動有光出則福合天下出正南南方之野星去地可六丈大而赤數動有光司危星孟康曰星大而有尾兩角熒惑之精也。正義曰司危者出正西西方之分野也大如太白去地可六丈見則以天子不義失國而豪傑起出正西西方之野星去地可六丈大而白類太白獄漢星孟康曰青中赤表下有三彗縱橫亦填星之精漢書天文志獄漢一名咸漢出正北北方之野星去地可六丈大而赤數動察之中青此四野星所出出非其方其下有兵衝不

利四填星所出四隅去地可四丈地維咸光。正義曰四鎮星出四隅去地可四丈地維咸光星亦出四隅去地可三丈若月始出所見下有亂者亡有德者昌也亦出四隅去地可三丈若月始出所見下有亂亂者亡有德者昌燭星狀如太白孟康曰星上有三彗上出亦填星之精其出也不行見則滅所燭者城邑亂如星非星如雲非雲命曰歸邪李奇曰邪音蛇孟康曰星有兩赤彗上向上有蓋狀如氣下連星歸邪出必有歸國者星者金之散氣本曰火孟康曰星名星衆國吉少則凶漢者亦金之散氣索隱曰案水生金散氣即水氣河圖括地象曰河精爲天漢也其本曰水漢星多多水少則旱孟康曰漢河漢也水生於金多少謂漢中星



其大經也天鼓有音如雷非雷音在地而下及地其所往者兵發其下天狗狀如大奔星孟康曰星有尾旁有短彗下有如狗形者亦太白之精有聲其下止地類狗所墮及炎火索隱曰炎音豔望之如火光炎炎衝天其下圜如數頃田處上兌者則有黃色千里破軍殺將格澤星者索隱曰格澤一音鶴鐸又音格澤格胡客反如炎火之狀黃白起地而上下大上兌其見也不種而穫不有土功必有大害蚩尤之旗孟康曰熒惑之精也晉灼曰呂氏春秋曰其色黃上下白類彗而後曲

象旗見則王者征伐四方旬始出於北斗旁徐廣曰蚩尤也旬一作營狀如雄雞其怒青黑象伏鼈李奇曰怒當音帑晉灼曰帑雌也或曰怒色青枉矢類大流星蛇行而倉黑望之如有毛羽然長庚如一匹布著天正義曰著音直略反此星見兵起星墜至地則石也正義曰春秋云星隕如雨是也今吳郡西鄉見有落星石其石天下多有也河濟之間時有墜星天精而見景星孟康曰精明也有赤方氣與青方氣相連赤方中有兩黃星青方中一黃星凡三星合爲景星。索隱曰韋昭云精謂青助漢書作姓亦作暒郭璞註三蒼云暒雨止無雲也。正義曰景星狀如半月生於晦朔助月爲明見則人君有德明聖之慶也景星者德星也其狀無常出於有道之國凡望雲氣正義曰春秋元命包云陰陽聚爲雲氣也釋名云雲猶云云衆盛也氣猶餼然也有聲即無形也仰而望之三四百里平望在桑榆上餘二千里登高而望之下屬地者三千里雲氣有獸居上者勝正義曰勝音升剩反雲雨氣相敵也兵書云雲雄或如雄雞臨城有城必降自華以南氣下黑上赤嵩高三河之郊氣正赤恒山之北氣下黑上青勃碣海岱之間氣皆黑江淮之間氣皆白徒氣白土功氣黃車氣乍高乍下往往而聚騎氣卑而布卒氣摶如淳曰摶專也或曰摶徒端反前卑而後高者疾前方而後高兌而卑者卻其氣平者其行徐前高而後卑者不止而反氣相遇者卑

象旗見則王者征伐四方旬始出於北斗旁[illegible]狀如雄雞其怒青黑象伏鱉[illegible]枉矢類大流星蛇行而倉黑望之如有毛羽然長庚如一匹布著天[illegible]此星見兵起星墜至地則石也[illegible]河濟之間時有墜星天精而見景星[illegible]景星者德星也其狀無常常出於有道之



國[illegible]凡望雲氣仰而望之三四百里平望在桑榆上千餘二千里登高而望之下屬地者三千里雲氣有獸居上者勝[illegible]自華以南氣下黑上赤嵩高三河之郊氣正赤恆山之北氣下黑上青勃碣海岱之間氣皆黑江淮之間氣皆白徒氣白土功氣黃車氣乍高乍下往往而聚騎氣卑而布卒氣摶[illegible]前卑而後高者疾前方而後高者兌後兌而卑者卻其氣平者其行徐前高而後卑者不止而反

勝高索隱曰遇音偶漢書作禺兌勝方氣來卑而循車通者車通車轍也避漢武諱故曰通不過三四日去之五六里見氣來高七八尺者不過五六日去之十餘里見氣來高丈餘二丈者不過三四十日去之五六十里見稍雲精白者其將悍其士怯其大根而前絕遠者當戰青白其前低者戰勝其前赤而仰者戰不勝陣雲如立垣杼雲類杼軸索隱曰姚氏案兵書云營上雲氣如織勿與戰也雲摶兩端兌杓雲如繩者居前亘天索隱曰劉氏杓音時酌反說文音丁了反許慎註淮南云杓引也其半半天其蛪者類闕旗索隱曰蛪音五結反亦作蜺音同故鉤雲句曲正義曰句音古侯反諸



此雲見以五色合占而澤摶密正義曰崔豹古今注云黃帝與蚩尤戰於涿鹿之野常有五色雲氣金枝玉葉止於帝上有花蘤之象故因作華蓋也京房易兆候云視四方常有火雲五色具其下賢人隱也青雲潤蔽日在西北為舉賢良也其見動人及有占兵必起合鬬其直王朔所候決於日旁日旁雲氣人主象正義曰洛書云有雲象人青衣無手在日西天子之氣皆如其形以占故北夷之氣如羣畜穹閭索隱曰鄒氏云一作弓閭天文志作弓字音穹蓋謂以氈為閭崇穹然而宋均云穹獸名亦異說也南夷之氣類舟船幡旗大水處敗軍場破國之虛下有積錢徐廣曰古作泉字金寶之上皆有氣不可不察海旁蜄氣象樓臺廣野氣成宮闕然雲氣各象其山川人民所聚

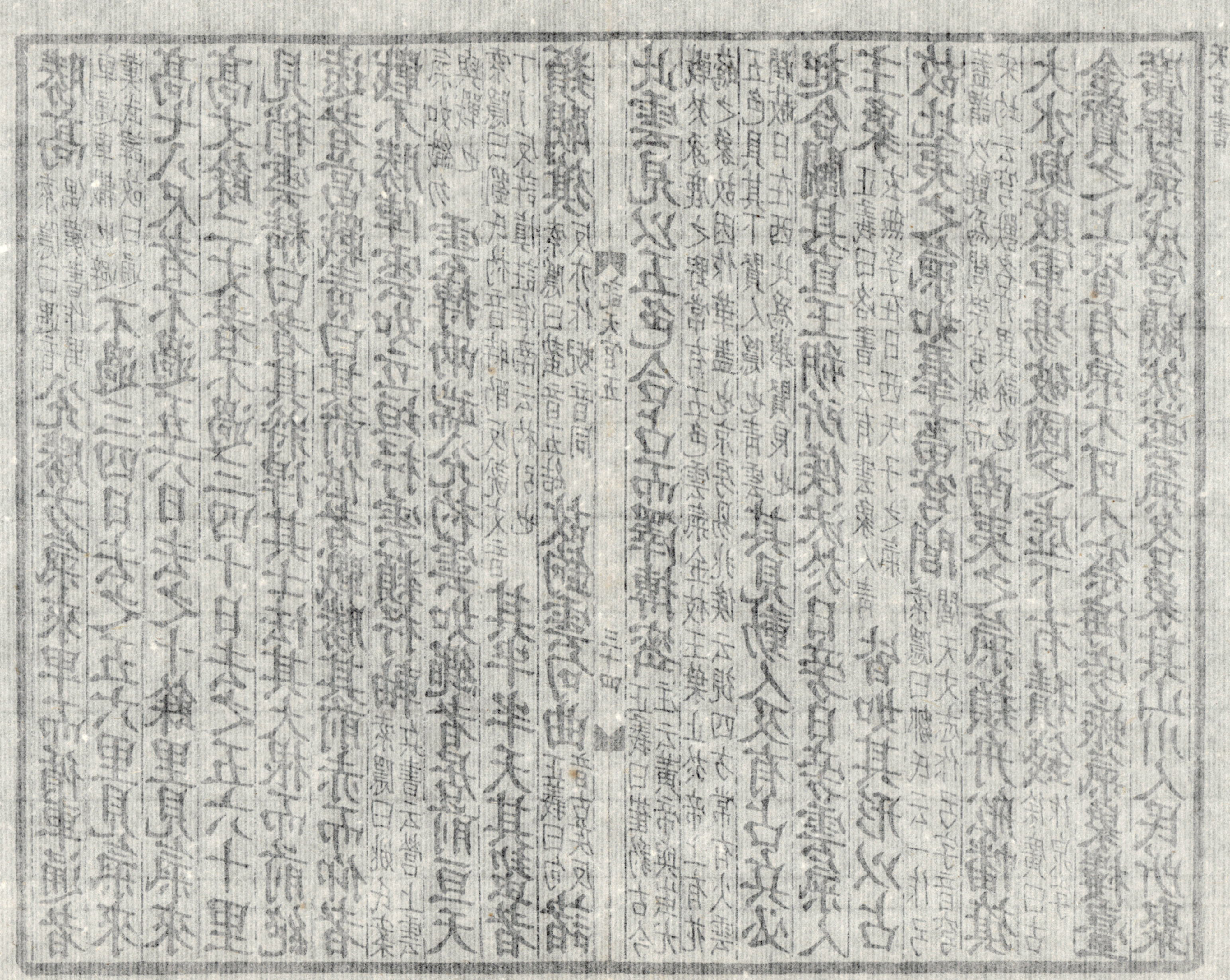

積(正義曰淮南子云土地各以類生人是故山氣多男澤氣多瘖風氣多聾林氣多躄木氣多傴石氣多力險阻氣多壽谷氣多痺丘氣多狂廟氣多仁陵氣多貪輕土多利足重土多遲清水音小濁水音大湍水人輕遲水人重中土多聖人皆象其氣皆應其類也)故候息耗者入國邑視封疆田疇之正治(如淳曰蔡邕云麻田曰疇)城郭室屋門戶之潤澤次至車服畜產精華實息者吉虛耗者凶若煙非煙若雲非雲郁郁紛紛蕭索輪囷是謂卿雲(正義曰卿音慶)卿雲見喜氣也若霧非霧(索隱曰霧音如字一音蒙又亡遘反爾雅云天氣下地不應曰霧霧言蒙昧不明也)衣冠而不濡見則其域被甲而趨天雷電蝦虹辟歷夜明者陽氣之動者也春夏則發秋冬則藏故候者無不司之天開



縣物(孟康曰謂天裂而見物象天開示縣象)地動坼絕(正義曰趙世家幽繆王遷五年代地動自樂徐以西北至平陰臺屋牆垣太半壞地坼東西百三十步)山崩及徙川塞谿垘(徐廣曰土雍曰垘音服駰案孟康曰谿谷也垘崩也蘇林曰垘流也)水澹澤竭地長見象城郭門閭閨臬枯槀宮廟邸第人民所次謠俗車服觀民飲食五穀草木觀其所屬倉府廄庫四通之路六畜禽獸所產去就魚鼈鳥鼠觀其所處鬼哭若呼其人逢俉化言(俉迎也伯莊曰音五故反 索隱曰逢俉謂相逢而驚也俉亦作迕音同化當為訛字之誤耳)誠然凡候歲美惡謹候歲始歲始或冬至日產氣始萌臘明日人眾卒歲一會飲食發陽氣故曰初歲正月旦王

求卒政一會政命政日政時[illegible]月旦王入

[illegible]

觀其所[illegible]其人之[illegible]

[illegible]四通入[illegible]

[illegible]谷車[illegible]

見[illegible]

[illegible]



也春夏則發[illegible]

甲[illegible]天[illegible]

[illegible]

[illegible]

者歲首立春日四時之卒始也索隱曰謂立春日是去年四時之終卒今年之始也四始者候之日正義曰謂正月旦歲之始時之始日之始月之始故云四始言以四時之日候歲吉凶也而漢魏鮮孟康曰人姓名作占候者集臘明正月旦決八風風從南方來大旱西南小旱西方有兵西北戎菽為孟康曰戎菽胡豆也為成也。索隱曰韋昭云戎菽大豆也又郭璞註爾雅亦云胡豆與孟康同小雨徐廣曰一無此上兩字趣兵索隱曰趨音促謂風從西北來則戎菽成而又有小雨則其國趣兵起也北方為中歲東北為上歲韋昭曰歲大穰東方大水東南民有疾疫歲惡故八風各與其衝對課多者為勝多勝少久勝亟疾勝徐旦至食為麥食至日昳為稷昳至餔為黍餔至下餔為




菽下餔至日入為麻欲終日有雨有雲有風有日正義曰正月旦欲其終一日有風有日則一歲之中五穀豐熟無災害也日當其時者深而多實無雲有風日當其時淺而多實有雲風無日當其時深而少實有日無雲不風當其時者稼有敗如食頃小敗熟五斗米頃大敗則風復起有雲其稼復起各以其時用雲色占種其所宜其雨雪若寒歲惡是日光明聽都邑人民之聲聲宮則歲善吉商則有兵徵旱羽水角歲惡或從正月旦比數雨索隱曰比音鼻律反數音疎舉反謂以比數日以候一歲之雨以知豐穰也率日食一升至七升而極孟康曰月一日雨民有一升之

食二日雨民有二升之食如此至七日過之不占數至十二日日直其月占水旱孟康曰月一日雨正月水爲其環城千里內占則其爲天下候竟正月孟康曰月三十日周天歷二十八宿然後可占天下○正義曰按月列宿日風雲有變占其國并太歲所在則知其歲豐稔水旱飢饉也月所離列宿索隱曰韋昭云離歷也日風雲占其國然必察太歲所在在金穰水毀木饑火旱此其大經也正月上甲風從東方宜蠶風從西方若旦黃雲惡冬至短極縣土炭孟康曰先冬至三日縣土炭於衡兩端輕重適均冬至日陽氣至則炭重夏至日陰氣至則土重晉灼曰蔡邕律曆記候鐘律權土炭冬至陽氣應黃鐘通土炭輕而衡仰夏至陰氣應蕤賓通土炭重而衡低進退先後五日之中炭動鹿解角蘭根出泉水躍略以知日至決要晷景歲星所在五穀逢昌其對爲衝歲乃有殃正義曰言晷景歲星行不失次則無災異五穀逢其昌盛若晷景歲星行而失舍有所衝則歲乃有殃禍災變也

太史公曰自初生民以來世主曷嘗不曆日月星辰及至五家索隱曰案謂五紀歲月日星辰曆數各有一家顓學習之故曰五家也三代正義曰五家黃帝高陽高辛唐虞堯舜也三代夏殷周也言生民以來何嘗不曆日月星辰及至五帝三王亦於紹繼而明天數陰陽也紹而明之內冠帶外夷狄分中國爲十有二州仰則觀象於天俯則法類於地天則有日月地則有陰陽天有五星地有五行天則有列宿地則有州域三光者陰陽之精氣本在地而聖人統理之幽厲以往尚矣所見天變皆

國殊窟穴家占物怪以合時應其文圖籍禨祥不法正義曰禨音機顧野王云禨祥吉凶之先見也按自古以來所見天變國皆異具所說不同及家占物怪用合時應者書其文并圖籍凶吉並不可法則故孔子論六經記異事而說其所應不書變見之蹤也是以孔子論六經紀異而說不書至天道命不傳傳其人不待告正義曰待須也言天道性命忽有志事可傳授之則傳其大指微妙自在天性不須深告語也告非其人雖言不著正義曰著作慮反著明也言天道性命告非其人雖為言說不得著明微妙曉其意也昔之傳天數者高辛之前重黎正義曰左傳云蔡墨曰少昊氏之子曰黎為火正號祝融即火行之官知天數於唐虞羲和正義曰羲氏和氏掌天地四時之官也有夏昆吾正義曰昆吾陸終之子虞翻云昆吾名樊為己姓封昆吾世本云昆吾衛者也殷商巫咸正義曰巫咸殷賢臣也本吴人冢在蘇州常熟海隅山上子賢亦在此也周室史佚萇弘正義曰史佚周武王時太史尹佚也萇弘周靈王時大夫也於宋子韋鄭則裨竈正義曰裨竈鄭大夫也在齊甘公徐廣曰或曰甘公名德也本是魯人○正義曰七録云楚人戰國時作天文星占八卷楚唐眜正義曰莫葛反趙尹皋魏石申正義曰七録云石申魏人戰國時作天文八卷也夫天運三十歲一小變百年中變五百載大變三大變一紀三紀而大備此其大數也為國者必貴三五索隱曰三五謂三十歲一小變五百歲一大變上下各千歲然後天人之際續備太史公推古天變未有可考于今者蓋略以春秋二百四十二年之閒正義曰謂從隱公元年至哀公十四年獲麟也隱公十一年桓公十八年莊公三十二年閔公二年僖公三十三年文公十八年宣公十八年成公十八年襄

國殊窟穴，家占物怪，以合時應，其文圖籍禨祥不法。正義曰：禨音機。言自古以來所見天變，國皆異具，所說不同，及家占物怪，用合時應者書，其文並圖籍，凶吉並不可法則。故孔子論六經，記異事而說其所應，不書變見之蹤也。是以孔子論六經，紀異而說不書。至天道命，不傳；正義曰：天道性命，忽有志事，可傳授之則傳，其大指微妙，自在天性，不須深告語也。傳其人，不待告；告非其人，雖言不著。正義曰：著，明也。言天道性命，告非其人，雖為言說，不得著明微妙，曉其意也。

昔之傳天數者：高辛之前，重、黎；[illegible]於唐、虞，羲、和；[illegible]有夏，昆吾；[illegible]殷商，巫咸；[illegible]吳人，冢在蘇州常熟海隅山上。周室，史佚、萇弘；正義曰：史佚，周武王時太史尹佚也。萇弘，周靈王時大夫也。於宋，子韋；[illegible]鄭則裨竈；正義曰：裨竈，鄭大夫也。在齊，甘公；集解徐廣曰：或曰甘公名德也，本是魯人。正義曰：七錄云楚人，戰國時作天文星占八卷。楚，唐眛；正義曰：莫葛反。趙，尹皋；魏，石申。正義曰：七錄云石申，魏人，戰國時作天文八卷也。

夫天運，三十歲一小變，百年中變，五百載大變；三大變一紀，三紀而大備：此其大數也。為國者必貴三五。索隱曰：三五謂三十歲一小變，五百歲一大變。上下各千歲，然後天人之際續備。

太史公推古天變，未有可考于今者。蓋略以春秋二百四十二年之閒，正義曰：[illegible]僖公三十三年，文公十八年，宣公十八年，成公十八年，襄公三十一年，昭公三十二年，定公十五年，哀公十四年，[illegible]

公三十一年昭公三十二年定公十五年哀公十四年凡二百四十二年也日蝕三十六正義曰謂隱公三年二月乙巳桓公三年七月壬辰朔十七年十月朔莊公十八年三月朔二十五年六月辛未朔二十六年十二月癸亥朔三十年九月庚午朔僖公五年九月戊申朔十二年三月庚午朔十五年五月朔文公元年二月癸亥朔十五年六月辛卯朔宣公八年七月庚子朔十年四月丙辰朔十七年六月癸卯朔成公十六年六月丙辰朔十七年七月丁巳朔襄公十四年二月乙未朔十五年八月丁巳朔二十年十月丙辰朔二十一年九月庚戌朔十月庚辰朔二十三年二月癸酉朔二十四年七月甲子朔八月癸巳朔二十七年十二月乙亥朔昭公七年四月甲辰朔十五年六月丁巳朔十七年六月甲戌朔二十一年七月壬午朔二十二年十二月癸酉朔二十四年五月乙未朔三十年十二月辛亥朔定公五年三月辛亥朔十二年十一月丙寅朔十五年八月庚辰朔凡三十六也彗星三見正義曰謂文公十四年七月有星入于北斗昭公十七年冬有星孛于大辰哀公十三年有星孛于東方宋襄公時星隕如雨正義曰謂僖公十五年正月戊申朔隕石于宋

五也天子微諸侯力政徐廣曰一作征五伯代興正義曰趙岐注孟子云齊桓晉文秦穆宋襄楚莊也更為主命自是之後衆暴寡大并小秦楚吳越夷狄也為彊伯正義曰秦祖非子初邑於秦地在西戎楚子鬻熊始封丹陽荊蠻吳太伯居吳周章因封吳號勾吳越祖少康之子初封於越以守禹祀地稱東越皆戎夷之地故言夷狄也後秦穆楚莊吳闔閭越勾踐皆得封為伯也田氏篡齊正義曰周安王二十三年康公卒田和并齊而立為齊侯三家分晉正義曰周安王二十六年魏武侯韓文侯趙敬侯共滅晉靜而三分其地並為戰國爭於攻取兵革更起城邑數屠因以飢饉疾疫焦苦臣主共憂患其察禨祥候星氣尤急近世十二諸侯七國相王正義曰王于放反謂漢孝景帝三年吳王濞楚王戊趙王遂濟南王辟光菑川王賢膠東王雄渠也言從衡者繼

[illegible]日蝕三十六[illegible]彗星三見[illegible]宋襄公時星隕如雨[illegible]



天子微[illegible]諸侯力政[illegible]五伯代興[illegible]更為主命[illegible]自是之後[illegible]眾暴寡大并小[illegible]秦楚吳越夷狄也為彊伯[illegible]田氏篡齊[illegible]三家分晉[illegible]並為戰國[illegible]爭於攻取兵革更起城邑數屠[illegible]因以饑饉疾疫焦苦[illegible]臣主共憂患[illegible]其察禨祥[illegible]候星氣尤急[illegible]近世十二諸侯七國相王[illegible]言從衡者繼踵[illegible]

踵而皐唐甘石因時務論其書傳故其占驗凌雜米鹽正義曰凌雜交亂也米鹽細碎也言皐唐甘石等因時務論其書傳中災異所記錄者故其占驗交亂細碎其語在漢書五行志中也二十八舍主十二州正義曰二十八舍謂東方角亢氐房心尾箕北方斗牛女虛危室壁西方奎婁胃昴畢觜參南方井鬼柳星張翼軫星經云角亢鄭之分野兗州氐房心宋之分野豫州尾箕燕之分野幽州南斗牽牛吳越之分野揚州須女虛齊之分野青州危室壁衛之分野幷州奎婁魯之分野徐州胃昴趙之分野冀州畢觜參魏之分野益州東井輿鬼秦之分野雍州柳星張周之分野三河翼軫楚之分野荊州也斗秉兼之正義曰言北斗所建秉十二辰兼十二州二十八宿自古所用從來久遠矣所從來久矣秦之疆也候在太白占於狼弧正義曰太白狼弧皆西方之星故秦占候也吳楚之疆候在熒惑占於鳥衡正義曰熒惑鳥衡皆南方之星故吳楚之占候也鳥衡柳星也一本作注張也



燕齊之疆候在辰星占於虛危正義曰辰星虛危皆北方之星故燕齊占候也宋鄭之疆候在歲星占於房心正義曰歲星房心皆東方之星故宋鄭占候也晉之疆亦候在辰星占於參罰正義曰辰星參罰皆北方西方之星故晉占候也及秦并吞三晉燕代自河山以南者中國正義曰河黃河也山華山也從華山及黃河以南為中國也中國於四海內則在東南為陽正義曰爾雅云九夷八狄七戎六蠻謂之四海之內中國從河山東南為陽也陽則日歲星熒惑填星正義曰日人質反填音鎮日陽也歲星屬東方熒惑屬南方填星屬中央皆在南及東為陽也占於街南畢主之正義曰天街二星主畢昴主國界也街南為華夏之國街北為夷狄之國則畢星主陽其西北則狐貉月氏諸衣旃裘引弓之民為陰正義曰貉音陌氏音支從河山西北

二十八舍主十二州斗秉兼之所從來久矣秦之疆也候在太白占於狼弧吳楚之疆候在熒惑占於鳥衡燕齊之疆候在辰星占於虛危宋鄭之疆候在歲星占於房心晉之疆亦候在辰星占於參罰及秦并吞三晉燕代自河山以南者中國中國於四海內則在東南為陽陽則日歲星熒惑填星占於街南畢主之其西北則胡貉月氏諸衣旃裘引弓之民為陰陰則月太白辰星占於街北昴主之

及秦晉爲陰也）陰則月太白辰星（正義曰月陰也太白屬西方辰星屬北方皆在北及西爲陰也）占於街北昴主之（正義曰天街星北爲夷狄之國則昴星主之陰也）故中國山川東北流其維首在隴蜀（正義曰言中國山及川東北流行若南山首在崑崙葱嶺東北行連隴山至南山華山渡河東北盡碣石山黃河首起崑崙山渭水岷江發源出隴山皆東北東入勃海也）尾沒于勃碣是以秦晉好用兵（韋昭曰秦晉西南維之北爲陰猶與胡狢引弓之民同故好用兵）復占太白太白主中國（正義曰主循領也入也星經云太白在北月在南中國敗太白在南月在北中國不敗也是狐貉數侵掠之也）而胡貉數侵掠獨占辰星辰星出入躁疾常主夷狄其大經也此更爲客主人（正義曰更格行反下同星經云辰星不出太白爲客辰星出太白爲主人辰星太白不相從雖有軍不戰辰星出東方太白出西方若辰星出西方太白出東方爲格野雖有兵不戰合宿乃戰辰星入太白中五日及入而上出破軍殺將客勝不出客亡地視旗所指）熒惑爲勃外則理兵內則理政故曰雖有明天子必視熒惑所在（索隱曰此案春秋緯文耀鉤故云故曰也）諸侯更彊時菑異記無可錄者



秦始皇之時十五年彗星四見久者八十日長或竟天其後秦遂以兵滅六王并中國外攘四夷死人如亂麻因以張楚並起三十年之閒（正義曰謂從秦始皇十六年起兵滅韓至漢高祖五年滅項羽則三十六年矣）兵相駘藉（蘇林曰駘音臺登躡也）不可勝數自蚩尤以來未嘗若斯也項羽救鉅鹿枉矢西流山東遂合從諸侯西坑秦人

陰則月太白辰星

中國山川東北流其維首在隴蜀

尾沒于勃碣是以秦晉好用兵

復占太白太白主中國

而胡貉數侵掠獨占辰星辰星出入躁疾常主夷狄

其大經也此更為客主人

熒惑為孛外則理兵內則理政故曰雖有明天子必視熒惑

所在諸侯更彊時菑

異記無可錄者

秦始皇之時十五年彗星四見久者八十日

長或竟天其後秦遂以兵滅六王并中國外攘四

夷死人如亂麻因以張楚並起三十年之間兵相駘

藉不可勝數自蚩尤以來未嘗若斯也項羽

救鉅鹿枉矢西流山東遂合從諸侯西坑秦人

誅屠咸陽漢之興五星聚于東井平城之圍 索隱曰漢高祖之七年 月暈參畢七重 索隱曰天文志其占者畢昴間天街也街北胡也街南中國也昴為匈奴參為趙畢為邊兵是歲高祖自將兵擊匈奴至平城為冒頓所圍七日乃解則天象有若符契七重者主七日也 諸呂作亂日蝕晝晦吳楚七國叛逆彗星數丈天狗過梁野及兵起遂伏尸流血其下元光元狩蚩尤之旗再見長則半天其後京師師四出 正義曰元光元年太中大夫衛青等伐匈奴元狩二年冠軍侯霍去病等擊胡元鼎五年衛尉路博德等破南越及韓說破東越并破西南夷開十餘郡元年樓船將軍楊僕擊朝鮮也 誅夷狄者數十年而伐胡尤甚越之亡熒惑守斗 正義曰南斗為吳越之分野 朝鮮之拔星茀于河 索隱曰茀音佩即孛星也天文志武帝元封之中星孛于河戍其占曰南戍為越門北戍為胡門其後漢兵擊拔朝鮮以為樂浪玄菟郡朝鮮在海中越之象居北方胡之域也其河戍即南河北河也 戍兵征大宛星茀招搖 正義曰招搖一星次北斗杓端主胡兵也占角變則兵革大行 此其犖犖大者 索隱曰犖音力卓反犖犖事之分明也 若至委曲小變不可勝道由是觀之未有不先形見而應隨之者也夫自漢之為天數者星則唐都氣則王朔占歲則魏鮮故甘石曆五星法唯獨熒惑有反逆行逆行所守及他星逆行日月薄蝕 孟康曰日月無光曰薄京房易傳曰日赤黃為薄或曰不交而蝕曰薄韋昭曰氣往迫之為薄虧毀為蝕 皆以為占余觀史記考行事百年之中五星無出而不反逆行反逆行嘗盛大而變

色日月薄蝕行南北有時此其大度也故紫宮正義曰中宮也房心正義曰東宮也權衡正義曰南宮也咸池虛危正義曰北宮也列宿部星正義曰五官列宿部內之星也此天之五官坐位也爲經不移徙大小有差闊狹有常孟康曰闊狹若三台星相去遠近水火金木塡星徐廣曰木火土三星若合是謂驚位絕行此五星者天之五佐正義曰言水火金木土五星佐天行德也爲經緯見伏有時正義曰五星行南北爲經東西爲緯也所過行贏縮有度日變脩德月變省刑星變結和凡天變過度乃占國君彊大有德者昌弱小飾詐者亡太上脩德其次脩政其次脩救次脩禳正下無之夫常星之變希見而三光之占亟用日月暈適徐廣曰適者災變咎徵也李斐曰適見災于天劉向以爲日月蝕及星逆行非太平之常自周衰以來人事亂故天文應之遂變耳駰案孟康曰暈日旁氣也適日之將食先有黑氣之變雲風此天之客氣其發見亦有大運然其與政事俯仰最近大人之符此五者天之感動爲天數者必通三五索隱曰三謂三辰五謂五星也終始古今深觀時變察其精粗則天官備矣

蒼帝行德天門爲之開索隱曰謂王者行春令布德澤被天下則上應靈威仰之帝而天門爲之開以發德化也天門即左右角閒也○正義曰爲於僞反下同蒼帝東方靈威仰之帝也春萬物開發東作起則天發其德化天門爲之開也

赤帝行德天牢爲之空索隱曰謂王者行德以應火精之帝謂舉大禮封諸侯之

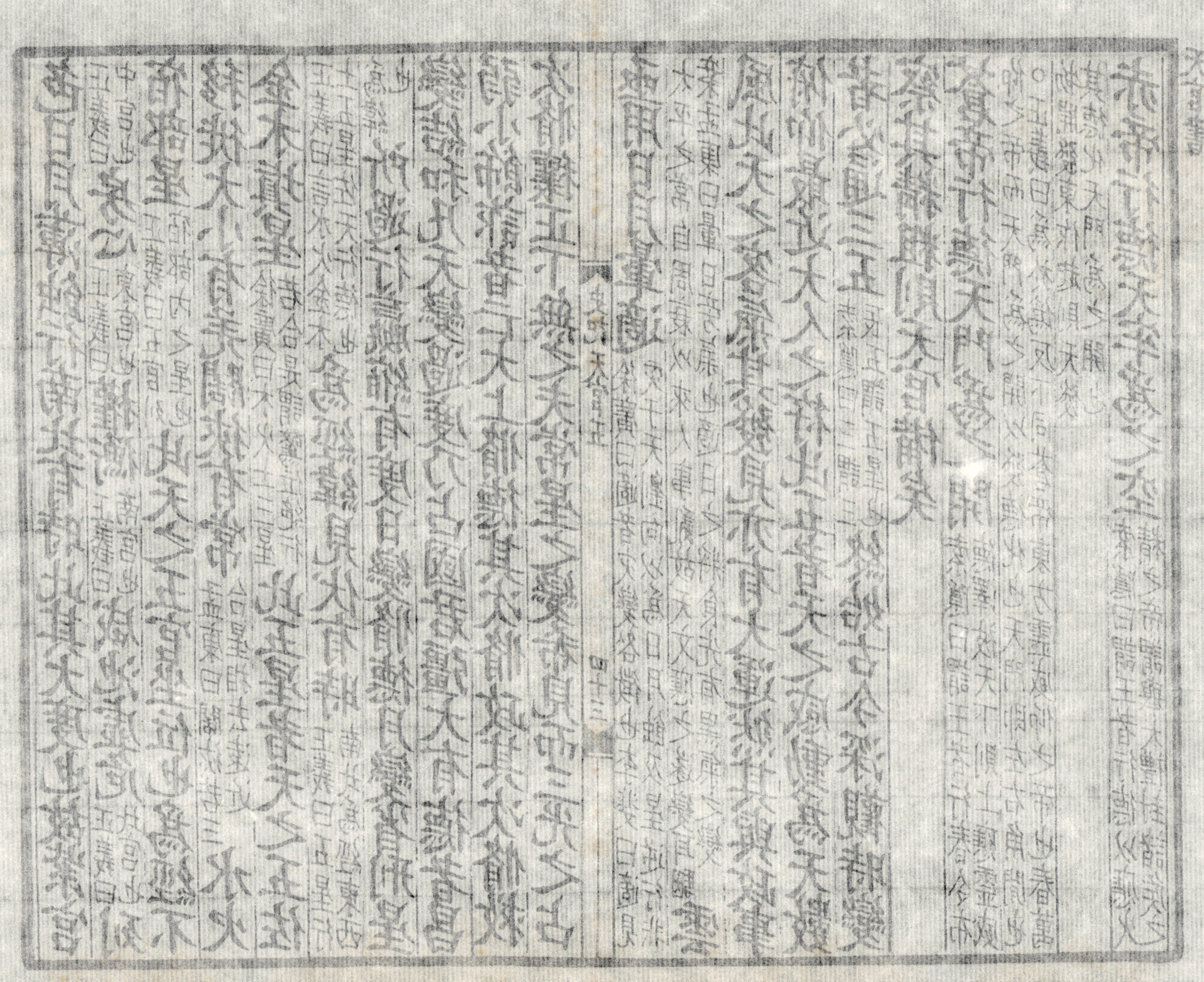

行日月薄蝕行南北有時此其大度也故紫宮（正義曰中宮也）房心（正義曰東宮也）權衡（正義曰南宮也）咸池（正義曰西宮也）虛危（正義曰北宮也）列宿部星[illegible]此天之五官坐位也[illegible]為經不移徙大小有差闊狹有常[illegible]水火金木填星[illegible]此五星者天之五佐[illegible]為緯見伏有時[illegible]所過行贏縮有度[illegible]日變修德月變省刑星變結和凡天變過度乃占國君彊大有德者昌弱小飾詐者亡太上修德其次修政其次修救其次修禳正下無之夫常星之變希見而三光之占



亟用日月暈適（集解孟康曰暈日旁氣也適日之將食先有黑氣之變[illegible]）雲風此天之客氣其發見亦有大運然其與政事俯仰最近天人之符此五者天之感動為天數者必通三五[illegible]終始古今深觀時變察其精粗則天官備矣[illegible]蒼帝行德天門為之開[illegible]赤帝行德天牢為之空[illegible]

地則是赤帝行德夏陽主舒散故天牢爲之空則人主當赦過宥罪者也。正義曰赤帝南方赤熛怒之帝也夏萬物茂盛功作大興則天施德惠天牢爲之空虛也天牢六星在北斗魁下不對中台主秉禁暴亦貴人之牢也

黃帝行德天夭爲之起正義曰黃帝中央含樞紐之帝季夏萬物盛大則當大赦含養羣品也風從西北來必以庚辛一秋中五至大赦三至小赦

白帝行德以正月二十日二十一日月暈圍常大赦載謂有太陽也一曰白帝行德索隱曰一曰一曰謂占星之家異說太史公秉記之耳畢昴爲之圍正義曰白帝西方白招矩之帝也秋萬物咸成則暈圍畢昴三暮帝德乃成也圍三暮德乃成不三暮及圍不合德不成二曰以辰圍不出其旬



黑帝行德天關爲之動正義曰黑帝北方叶光紀之帝也冬萬物閉藏爲之動爲之開閉也天一星在五車南畢西北爲天門日月五星所道主邊事亦爲限隔內外障絕往來禁道之作違者占芒角有兵起五星守之王貴人多死也

天行德天子更立年索隱曰案天謂北極紫微宮言王者當天心則北辰有光輝是行德也若北辰有光耀則天子更立年也不德風雨破石三能三衡者天廷也索隱曰上云南宮朱鳥權衡衡太微三光之廷則三衡者即太微也其謂之三者日月五星也然斗星第六第五亦名衡又參三星亦名衡然並不爲天廷○正義曰晉書天文志云三台主開德宣符也所以和陰陽而理萬物也三衡者北斗魁四星爲璇璣杓三星爲玉衡人君之象號令主也又太微天子宮庭也太微爲衡衡主平也爲天庭理法平辭理也按言三台三衡者皆天帝之庭號令舒散平理也故言三台三衡言若有客星出三台三衡之廷必有奇異教令也客星出天廷有奇令

黃帝行德，天矢為之起。風從西北來，必以庚、辛。一秋中，至二十日，而大赦；三至，小赦。白帝行德，以正月二十日、二十一日，月暈圍，常大赦載，謂有太陽也。一曰：白帝行德，畢、昴為之圍。圍三暮，德乃成；不三暮，及圍不合，德不成。二曰：以辰圍，不出其旬。

黑帝行德，天關為之動。天行德，天子更立年；不德，風雨破石。三能、三衡者，天廷也。客星出天廷，有奇令。